ESCREVER COM CRIATIVIDADE

Luciano Martins

ESCREVER COM CRIATIVIDADE

Copyright© 2001 Luciano Martins Costa
Todos os direitos desta edição reservados à
Editora Contexto (Editora Pinsky Ltda.)

Preparação de texto
Camila Kintzel

Diagramação
Fábio Amancio

Revisão
Sandra Regina de Souza/Texto & Arte Serviços Editoriais

Projeto de capa e montagem
Antonio Kehl

Dados Internacionais de Catalogação na Publicação (CIP)
(Câmara Brasileira do Livro, SP, Brasil)

Costa, Luciano Martins
Escrever com criatividade / Luciano Martins Costa. 5. ed. –
São Paulo: Contexto, 2018.

Bibliografia
ISBN 978-85-7244-165-0

1. Criatividade 2. Português – Redação 3. Redação (Literatura)
4. Textos I. Título.

01-0802   CDD-808.0469

Índices para catálogo sistemático:
1. Criação de textos: Português: Retórica 808.0469
2. Português: Redação 808.0469
3. Redação: Português 808.0469

2018

Editora Contexto
Diretor editorial: *Jaime Pinsky*

Rua Dr. José Elias, 520 – Alto da Lapa
05083-030 – São Paulo – SP
PABX: (11) 3832 5838
contexto@editoracontexto.com.br
www.editoracontexto.com.br

Proibida a reprodução total ou parcial.
Os infratores serão processados na forma da lei.

SUMÁRIO

Pânico: a redação..7

O macaco e o lápis...11

Sua rede interna...15

Lampejos de genialidade..21

Hino a Zeus...27

O escritor cego..33

Cópia ou invenção?..39

Qual a sua posição?..45

Convide as ideias...51

Onde mora a imaginação..55

A comunicação *muri*...59

A realidade que se constrói...65

Lição de casa...69

Contar ou fazer de conta..75

Enxergando o "outro"/ a "outra"................................83

Por linhas tortas..89

O pensar ecológico e a escrita natural........................95

Criando uma ordem...103

Quem comunica? 109

Você escolhe..113

Sugestões de leitura...117

PÂNICO: A REDAÇÃO

Desde as primeiras semanas em que a Internet surpreendeu o mundo, no meio da década de 1990, uma sucessão de profecias passou a assombrar as pessoas imersas nos ambientes culturais hipermediados (que os jornais e outros meios chamam de pós-modernos). Uma das mais chocantes dessas adivinhações afirmava que o casamento da informática com a tecnologia de comunicação digital iria acabar com o texto escrito. Primeiro, sucumbiria o papel, suporte desse instrumento milenar da comunicação humana. Depois, com o aperfeiçoamento dos computadores, viria o inexorável fim da escrita.

Como fogo em palha seca (para usar uma metáfora da sociedade agrícola), uma profusão de artigos, teses acadêmicas e livros se espalhou pelo universo letrado, anunciando que o mundo como o conhecemos estava acabado. Junto com a escrita, estavam condenadas também as nacionalidades, a individualidade, as relações sociais mais simples. Novos jornais e revistas (de papel) foram lançados para explicar que tudo passaria a ser virtual e digital. A indústria de papel nunca havia conhecido tamanho vigor e, nas livrarias de todo o mundo, os títulos de autoajuda e manuais de qualidade de vida ganharam concorrentes variados nas estantes dedicadas ao novo mundo da comunicação.

O dirigente de uma das multibilionárias corporações que brotaram nesse cenário chegou a afirmar que em pouco tempo seria desnecessário alfabetizar as crianças: bastaria ensiná-las a operar os programas de reconhecimento de voz dos computadores. Alguns sociólogos e teóricos da comunicação começaram a especular sobre o possível surgimento de uma nova categoria de cidadãos, os *I-letrados*, ou "letrados da Internet", pessoas que seriam capazes de vocalizar textos mesmo sendo tecnicamente analfabetas.

O irônico era que, no meio dessa balbúrdia, pouca gente se lembrou de uma série de entrevistas produzidas em 1970 pelo pensador francês Roland Barthes, que alertava justamente para o risco de se analisar em fragmentos uma sociedade tornada culturalmente mais homogênea pelo desenvolvimento da indústria da comunicação. Atento ao crescente poder dos meios, Barthes dizia temer um mundo que se expressasse por ideias fechadas, em vez de matrizes de ideias, geradoras de reflexão. Um mundo assim, na sua opinião, se tornaria progressivamente menos apto ao entendimento e mais vulnerável aos conflitos.

Pois bem. Avançamos acelerados pelo século XXI, a Internet se sofistica, ocupa telas de telefones celulares, promete juntar de uma vez todas as formas de comunicação, e seguimos precisando daquele modo de pensar sistêmico e integrado que a escrita ajuda a construir. Ainda assim, milhões de pessoas ainda continuam suando as palmas das mãos na hora de produzir um texto. É como se a necessidade de deixar registrados os pensamentos, tão fluentes nas conversas, fosse tarefa pesada demais para o indivíduo.

Por que é que o ser humano é capaz de adquirir determinadas habilidades e incorporá-las como se as tivesse embutidas em seu código genético, enquanto outras são rejeitadas desde o primeiro momento, não importando quantas vezes se tente aprendê-las? Como se explica o fato de uma pessoa ser capaz de relacionar-se satisfatoriamente com outros indivíduos, comunicando-se com naturalidade e eficiência quando o contato é direto e verbal, e essa mesma pessoa se sentir bloqueada ou não se revelar habilitada a se comunicar quando usa a escrita? Pior: como alguém pode se revelar um mestre na arte da conversação e ao mesmo tempo um desastre no momento de escrever um simples recado?

O que poderia romper essa dificuldade, que resiste até mesmo a técnicas inovadoras desenvolvidas a partir das descobertas mais avançadas sobre a multiplicidade das inteligências humanas? Essa lista de perguntas, que ocuparia muitas páginas, poderia incluir alguns fenômenos que se sucedem, quase imperceptíveis, na vida moderna. Esses fenômenos revelam que milhões de pessoas podem passar toda a vida lutando canhestramente com a escrita, essa ferramenta desenvolvida pelos humanos há seis mil anos, e no entanto são capazes de exibir rapidamente dotes de *ninja* ao manejar recursos de interesse fugaz que passam como marolas na corrente das modas.

Muita gente que nunca teve talento para entoar uma sequência de frases musicais sem espantar os ouvintes para longe se torna razoavelmente afinada com a ajuda de um aparelho de *karaokê*. No entanto, não há computador ou programa de edição que consiga "afinar" o texto de pessoas com dificuldade para se expressar por escrito. Da mesma forma, os processos usados tradicionalmente para ensinar redação se mostram geralmente demorados e sem graça, transformando em tarefa penosa o que deveria ser feito com prazer.

Alguns estudiosos da evolução biológica e cultural do ser humano aceitam a existência de "genes" do comportamento que se reproduzem verticalmente entre gerações, ou, horizontalmente, de um indivíduo a outro em uma mesma época, levados por meios de comunicação ou pelo contato direto entre as pessoas. É o caso daqueles minúsculos aparelhos eletrônicos que simulam o relacionamento entre uma criança e um bichinho de estimação, ou dos personagens de desenhos da televisão que se impõem à rotina de milhões de adolescentes, produzindo alterações de linguagem e de comportamento.

Há exatamente um século, em muitas grandes cidades esse fenômeno ocorria como resultado da popularização de novelas ou folhetins, levando grande número de jovens a reproduzir modos e estilos de personagens dessas histórias, ou seja, a escrita também ditava moda. Relatos sobre as peripécias de um famoso ladrão de hotéis num balneário da França se multiplicavam em folhetins e sua imagem era imitada por jovens em muitas cidades do mundo. No entanto, em nenhum momento a escrita conseguiu gerar movimentos tão amplos como os que se observam sob a influência das imagens da televisão.

Talvez a escrita não tenha a capacidade de provocar a imitação em padrões tão amplos justamente por sua característica de conduzir à reflexão. Mesmo as emoções mais marcantes provocadas pelo texto precisam ser fundadas numa compreensão no mínimo razoável do conteúdo e das circunstâncias relatadas. Essa característica está presente, portanto, no próprio ato de escrever, e pode ser uma das causas pelas quais muita gente sofre dificuldades para praticar essa forma de comunicação.

Por um lado, um estado de autocrítica exagerada faz com que o escrevedor se distancie de sua linguagem mais natural e, portanto, mais eficiente. Por outro lado, uma postura de isolamento, induzida pela própria intimidade do ato de escrever, pode levar o escrevedor a uma situação quase autista, na qual passa a ignorar o objeto de todo texto: o leitor. Nas relações verbais, um deslize ou uma expressão forçada sempre tem a possibilidade da correção imediata. Na escrita, com exceção da "oralidade secundária" na Internet, o que foi lido está dito e a retificação pode vir tarde demais.

Independentemente da aceitação ou rejeição da tese de que "genes" culturais definem a passagem de certas características entre indivíduos, e sem considerar também afirmações correntes sobre a relação entre a inabilidade para a escrita e a dedicação de muito tempo para os meios visuais de comunicação, como a TV, está bastante estabelecido entre os pesquisadores que a comunicação confere uma vantagem seletiva na evolução da espécie humana. Quanto mais sofisticada a coleção de símbolos utilizada em determinada comunidade, melhores são suas chances de sobrevivência e desenvolvimento.

O MACACO E O LÁPIS

Portanto, se você é do tipo que coça a cabeça, olha para os lados, sente um vazio na boca do estômago quando tem de fazer uma redação ou um relatório, pense que suas chances de se dar bem podem ser um pouco menores. Mas não se acanhe. Hércules sentiu uma coisa parecida quando cumpria cada um dos seus doze trabalhos e Teseu teve a mesma sensação quando buscava uma saída do labirinto, com o Minotauro fungando no cangote. Isso se justifica. Quando escreve, você está simplesmente recriando o momento crucial da civilização, você está ousando repetir o ato mais revolucionário já produzido pela humanidade: a linguagem escrita. É mole?

O *Homo sapiens* existe há cerca de trinta mil ou cinquenta mil anos. O texto escrito mais antigo de que se tem registro foi rabiscado em pranchas de barro apenas seis mil anos atrás. Isso quer dizer que a humanidade passou mais tempo de sua existência comunicando-se oralmente e por sinais do que escrevendo. Estudos recentes revelam que há diferenças importantes entre os povos que ainda desconhecem completamente a escrita e gente como você e eu, que vive numa sociedade que lê e escreve. Ou, pelo menos, que aprendeu a ler e a escrever.

Essas diferenças aparecem não apenas nos modos de lidar com o conhecimento e a comunicação interpessoal, como também se revelam em detalhes físicos. Quando você pega uma caneta, seu dedo polegar a envolve naturalmente e seu pulso se flexiona sem que você sequer se dê conta, e todo o seu conjunto de braço, mão e dedos se posiciona, desde a coluna vertebral, para cumprir a tarefa. Isso não é natural para todos os seres humanos da sua idade. Nas culturas orais primárias, o ser humano raramente faz com as mãos e dedos os movimentos necessários à escrita e isso se reflete em sua própria constituição física.

Os seres humanos imersos nas culturas orais primárias se relacionam com os acontecimentos de um modo diferente de como fazemos na nossa sociedade. Eles dividem os fatos ao longo do tempo conforme ciclos cósmicos e se colocam como parte desses ciclos, suportando as dificuldades e sofrimentos como consequências de suas próprias faltas ou, como ação externa, de um deus. Nós, seres escrevinhadores, cultuamos a História e seus derivados e tendemos a acreditar que existem sofrimentos e dificuldades sem causa, ou, quando têm um motivo, suas origens estão sempre fora de nós, no "outro" ou no acaso.

Sabe-se que muitos aspectos do pensamento e da expressão na literatura, na filosofia, na ciência e nas músicas que embalam você (e até mesmo o modo como você conversa com seus amigos, seus familiares ou colegas) não são completamente inerentes à natureza humana. Esses aspectos do nosso viver atual foram se desenvolvendo ao longo de séculos de exercício da escrita e são profundamente transformados com os recursos que a tecnologia da escrita agrega à consciência humana. Ou seja, a escrita alterou profundamente a direção do desenvolvimento dos seres humanos.

Portanto, estamos autorizados a supor que toda a nossa estrutura física, mental e psíquica, incluído aí o próprio entendimento da natureza humana, vem se transformando, geração após geração, para nos permitir exercitar com naturalidade, eficiência e prazer, certos atos, como a escrita. Não é você que vai sacanear toda essa nobre linhagem que vem de longínquos ancestrais e empacar com os dedos em cima do teclado ou com a caneta suspensa no ar. Vai?

Na próxima vez que se sentar diante do computador, ou se um de seus mestres surpreender a turma com aquela tenebrosa ameaça da redação-surpresa com tema livre ou se o poderoso chefe encarregar você de fazer o relatório daquela reunião sonolenta, não fique simplesmente olhando pela janela ou amaldiçoando seus ancestrais. Pense naquele sujeito chamado Gilgamesh que, há milhares de anos, socou umas bolas de barro numa fôrma de madeira para elaborar a primeira redação de que se tem registro.

Ele queria deixar para a posteridade a história de sua vida cheia de aventura e magia e certamente considerou que representar seus feitos por escrito seria uma garantia maior de preservação. E foi: dos poemas e cânticos que celebram sua bravura, transmitidos pela tradição oral, sobrou pouca coisa para a posteridade, muita coisa foi apropriada por outros povos e transformada, mas aquilo que ele desejou contar pessoalmente pôde ser resgatado das suas pranchetas de barro desenterradas na Mesopotâmia.

Quer saber de uma coisa muito louca? Quando os cientistas da Universidade de Kent e do MediaLab do Instituto de Tecnologia de Massachusetts, nos Estados Unidos, começaram a desenvolver o computador-prancheta, que é considerado o futuro substituto dos computadores de mesa e laptops, foi nas pranchas de barro do sr. Gilgamesh que eles de inspiraram. O computador-prancheta parece uma dessas pastas de plástico que a gente usa para arquivar papéis. Uma das abas contém o teclado, a outra é uma tela plana, flexível. Parece uma revista, no formato e na flexibilidade. Na lombada ficam as placas, o processador e o encaixe para o modem-celular. Vai mandar nossos atuais computadores para o museu.

Quanto mudou a escrita desde que nosso amigo Gilga preparou seu primeiro estilete de madeira até o momento em que os cientistas do MediaLab domesticaram elétrons para fazê-los dançar numa tela de plástico?

Séculos depois de Gilgamesh, escrever se tornou um ato de tamanha importância que muitas sociedades criaram a figura do escriba, uma alta autoridade encarregada de fazer o registro dos acontecimentos para a História.

E voltando ao que nos interessa, o que é que transformou essencialmente o ato de escrever em um tormento para muita gente? Vamos complicar um pouco. Depois que a Humanidade inventou a escrita, e ainda milênios adiante, quando Gutenberg bolou a impressão com letras moldadas em chumbo, todas as relações humanas passaram a depender cada vez mais do registro grafado dos fatos, mas em nenhum momento da História a escrita eliminou a comunicação oral. A escrita assumiu inicialmente a função documental de preservar o conhecimento, daí o caráter solene que adquiriu em muitos momentos históricos. Os monges que se fechavam em conventos nas montanhas para reproduzir as escrituras sagradas dos cristãos são até hoje tidos como homens santos. O mesmo acontece com sábios budistas ou poetas japoneses que se dedicam à nobre arte da caligrafia.

Depois de Gutenberg, a popularização da escrita levou a cultura impressa a outro patamar e os escrevedores adquiriram *status* de artistas pop. Agora, pense na cultura eletrônica em que vivemos mergulhados: com a possibilidade de escrever num computador uma mensagem que será lida imediatamente por uma pessoa que está distante de você milhares de quilômetros, talvez numa aldeia da Eslovênia Interior, a escrita se torna um instrumento de comunicação quase tão simultânea quanto a fala.

Na verdade, alguns estudiosos de Comunicação consideram a escrita eletrônica uma segunda fala. Por isso se diz que a era eletrônica é também uma era de "oralidade secundária", que se caracteriza pela oralidade do telefone, do rádio, da televisão e da Internet. Veja: mesmo quando a comunicação é escrita, como no caso do bate-papo pelo computador, os estudiosos veem nessa relação características de comunicação oral.

Complicou? Espere para saber o que acontece no seu cérebro e na rede do seu sistema nervoso quando a sua mão apanha a caneta ou quando seus dedos ficam petrificados diante do teclado. Aguente um pouco. Dê uma esticada nas pernas enquanto eu tomo um café.

SUA REDE INTERNA

A ciência da comunicação empresta atualmente conceitos de áreas tão diversas como a Física, a Química e a Biologia ou até mesmo a Astronomia. Quer um exemplo? O conceito de informação binária que é usado na linguagem dos computadores tem como um dos referenciais a Lua vista da Terra: a face escura é zero, a face clara é um e todas as combinações de zero-um, um-zero, um-zero-um etc. formam uma estrutura de linguagem matemática que é aplicada na compreensão de fenômenos da comunicação. Da mesma forma, a estrutura do DNA, emprestada da Biologia, e o conhecimento das estruturas moleculares, fornecido pela Química, servem de referência para a compreensão dos vínculos entre a linguagem que usamos no dia a dia, falada ou escrita, e a cultura.

Mas o grande tesão da comunicação na era em que vivemos é a aplicação de conceitos emprestados da Física Quântica. É o *Massacre da Motosserra II*. Quer ver? Primeiro, enfie na cabeça que a redação que você vai escrever é um jeito de seu mestre, seu chefe ou cliente observar como anda a sua capacidade de obter conhecimento e expressar aquilo que obteve, ou seja, do seu conhecimento eles esperam obter determinado resultado. Segundo os teóricos da Física Quântica, para entender o mundo físico e aquele emaranhado que se esconde no seu cérebro é preciso entender o conhecimento como um processo.

"Todo conhecimento é produzido, exibido, comunicado, transformado e aplicado no pensamento", diz o físico e filósofo americano David Bohm, que, aliás, fez parte de suas pesquisas na Universidade de São Paulo. Até aí, nem precisava estudar tanto. O que ele diz em seguida é que nos conduz ao caminho da confusão mental, mas que também pode aliviar nossa aflição na hora de escrever: "O pensamento, considerado em seu *movimento de vir a ser* (e não apenas em seu conteúdo de imagens e de ideias relativamente bem definidas) é de fato o processo em que o conhecimento existe efetiva e concretamente". Ou seja, ele afirma que o conhecimento é um processo que se dá numa coisa que não existe: *o pensamento em seu movimento de vir a ser.*

Pronto. Se quiser parar por aqui e economizar algumas horas de leitura, você já tem o álibi para empacar diante da tarefa, guardar a caneta ou fechar o programa de texto. Não sei se o/a mestre/chefe/ cliente vai engolir, mas você pode arriscar: "Não posso escrever uma linha, pois o David Bohm, quarenta anos de pesquisa em Física, garante que estou criando um processo no vácuo. Isto é impossível!" Não custa tentar, e você poderia dizer que, se o processo do conhecimento fosse mecânico, bastaria que o pensamento fosse buscar nos arquivos da memória os elementos necessários para você fazer a redação, e pronto. Mas, como acabamos de saber, o pensamento que gera conhecimento é *um vir a ser*, um troço não material. O mestre/chefe/cliente que leia o papel em branco e imagine *o que poderia ter sido aquilo que viesse a ser se tivesse sido*. Que tal?

Pensando bem, melhor voltar ao trabalho. Na verdade, tanto os físicos mais modernos quanto os estudiosos das linguagens e do agir humano concordam em que essa magia da criação do conhecimento é um fato concreto no ser humano. Mais uma vez os comunicólogos vão buscar na Biologia o conceito do DNA para alegar que o pensamento resulta de uma relação de interatividade entre uma inteligência e a estrutura da memória: grande parte das funções do pensar está programada no nosso código genético, mas esse programa se transforma a cada novo pensamento. É como se o conteúdo de um jogo eletrônico fosse alterando a estrutura de programa do jogo a cada movimento: o programa condiciona o conteúdo, mas o conteúdo altera o programa, que passa a criar novas condições de jogo.

O linguista George Lakoff, coautor do livro *Philosophy in the Flesh* (Filosofia na Carne), afirma, após sete anos de pesquisas, que as metáforas surgem de experiências sensoriais registradas por todo o corpo humano e não apenas pelo cérebro. Ao contrário do que dizem outras fontes de estudos e o senso comum, Lakoff afirma que as metáforas não são fruto da imaginação humana, sacadas de algum lugar no éter: elas são informações claramente catalogadas, pontos de referência que podem estar em qualquer parte do organismo humano. Assim, podemos dizer que, além do corpo físico, temos um corpo sensório que vai sendo preenchido de conteúdos ao longo da nossa existência e, assim como nos jogos cujas regras são alteradas pela ação, também vai se transformando conforme as sensações experimentadas. Outros cientistas definem esse corpo sensório como a ressonância do corpo físico, ou seja, um corpo feito efetivamente de informações.

Você já sabe como os neurônios trocam informações por meio de impulsos através das sinapses. Até aí, é pouco mais do que eletrônica. O mistério é o que acontece quando alguém afirma que um neurônio pode "adivinhar" a chegada de um impulso antes de ele acontecer de fato. Ou que seus dedos podem desenhar uma palavra antes que o seu consciente registre a elaboração da ideia que ela define. Lembrando que a passagem do impulso entre um neurônio e outro dura 20 milissegundos, dá para imaginar a rapidez desse fenômeno. Já notou que no processo do pensamento escrito acontece a mesma coisa de quando a gente se comunica oralmente? Quantas vezes você se apanhou dizendo palavras ou frases quase completas antes mesmo de tomar consciência do que está falando?

Na verdade, a nossa rede interna de neurônios e conectores pode ser comparada à Internet. Existe a rede física de cabos e sinais de rádio que permitem ao seu computador localizar a máquina da sua amiga lá na Eslovênia Interior, mas de nada adiantariam os milhares de quilômetros de fibra óptica ou as antenas e satélites se não houvesse a rede virtual composta pelos códigos e identidades que possibilitam esse encontro.

Por mais que você se considere meio parente de uma ostra quando bate aquela paralisia total antes de escrever, saiba que a sua rede física é muito mais sofisticada do que todo o complexo de computadores em operação em todo o planeta. Aliás, calcula-se que toda a capacidade de computação produzida até o fim do século xx correspondia mais ou menos ao potencial de processamento de informações de uma libélula. Além disso, a inteligência humana faz o sistema de códigos da Internet parecer um brinquedo quando pensamos nas possibilidades de um e do outro sistemas. Bem, os computadores estão por aí há pouco mais de trinta anos e o ser humano vem recebendo *upgrades* há muitos milhares de anos, certo?

O problema acontece quando nos imaginamos parecidos com computadores. Explico: se você, ao se deparar com uma tarefa que exige criatividade, impedir que sua mente rompa os limites do consciente, o resultado pode até ser aceitável, mas estará sempre muito longe das suas reais possibilidades. Por outro lado, se você simplesmente der vazão à sua imaginação e desconsiderar os limites que existem para a realização desse delírio, sua cabeça vai estar congestionada com ideias luminosas, mas nada disso vai passar para o papel ou a tela.

Quer saber um segredo de escritor? Só escreve bem quem consegue encarar esses limites e recondicionar sua mente para que ela funcione como nos tempos anteriores à escrita. Os pesquisadores que investigam a natureza do pensamento e dos processos criativos costumam praticar uma espécie de "arqueologia das palavras", buscando seus significados em tempos remotos para descobrir os traços de formas ancestrais do pensamento. Ou seja, para saber por que usamos tal palavra para significar tal coisa, eles procuram saber em que circunstância ela surgiu, como e em que situações era pronunciada.

Quer um exemplo? Veja a palavra "banzo", que aprendemos quando estudamos o período romântico da nossa Literatura e também, em História, quando aprendemos sobre a escravidão. Ouvimos e aceitamos que "banzo" é o mesmo que "saudade", e que os escravos morriam de "banzo", saudade da África e da liberdade. Bem, em alguns lugares do Vale do Ribeira, especialmente na região de um antigo quilombo que existiu nas proximidades da Caverna do Diabo, caboclos descendentes de africanos usam a palavra "banzo", ou "banzeiro", para significar as ondas ou a marola do rio. Será que os escravos morriam de saudade da África ou, mareados pelo "banzeiro" do oceano, sofriam náuseas e vômitos, acabando por morrer de desidratação? Será que a passagem do período romântico na nossa cultura justamente na época da campanha contra a escravatura não acabou distorcendo o sentido dessa expressão?

Certamente, no momento de escrever, ajuda muito se na sua mente as palavras soarem livres de condicionamento, para que possam se conectar ao significado mais límpido. Isso pode ocorrer se, ao escrever, sua mente se libertar dos condicionamentos da escrita. Tarefa para Hércules, Teseu ou para o Dalai Lama? Nada tão complicado. Felizmente, há várias técnicas que permitem "automatizar" alguns processos, de modo que você esteja sempre em guarda para a eventualidade de ter que se expressar por escrito. Para tratar dessas técnicas é que você abriu este livro.

Aqueles momentos mágicos em que a gente consegue exprimir com limpidez e beleza o que pensa surgem em circunstâncias muito especiais, mas nada têm de magia. Costumamos chamá-los de *insights*, em inglês, por causa da influência da linguagem publicitária. Trata-se, na verdade, de lampejos ou atos de percepção, que possibilitam a alguém que está escrevendo transformar em frases escritas, legíveis, os pensamentos mais abstratos. Ou que levam um músico a saltar para um nível de encantamento na interpretação de uma composição que ele vem repetindo há anos de uma forma sempre igual.

Esses eventos não acontecem aleatoriamente. Eles estão sempre relacionados a um estado de consciência diferenciado. É preciso estar alerta para reconhecê-los quando eles acontecem. É isso que chamamos de "prontidão para a criatividade". Sabe quando você está no cinema e começa a rir por dentro, porque percebeu uma intenção oculta do diretor, uma expressão significativa da atriz ou uma frase que compõe um trocadilho com certas imagens? Este é um momento típico em que está ocorrendo um ato de percepção. É muito mais comum do que a gente imagina.

Você se sentiu meio gênio? Você é gênio. Não quer dizer que esteja pronto para sair por aí compondo músicas capazes de hipnotizar os ouvintes, mas é esse processo que leva um escultor a dobrar sucessivamente uma peça de aço e representar com ela um momento especial do gênero humano ou simplesmente faz uma pessoa de 17 anos elaborar uma frase de profundo significado filosófico.

Esses lampejos ou atos de percepção são como aqueles jogos eletrônicos em que o conteúdo teoricamente teria a capacidade de alterar o próprio programa no qual está construído. Uma outra comparação, num sentido perverso, pode ser feita com os vírus que, ao entrar na memória do computador, mudam as características da máquina e reorganizam as habilitações, colocando todo o equipamento a serviço do próprio vírus.

Na mente humana, esses atos de percepção também causam mudanças que acabam alterando não apenas o indivíduo, mas todo seu entorno e até mesmo a sociedade onde ele vive. Da soma desses momentos podem resultar mudanças profundas numa comunidade. Experiências desse tipo deixam marcas profundas no indivíduo pela criação de novas metáforas, que passarão a funcionar como referências para novos padrões de aprendizagem e de comportamento. Uma avalanche de transformações pode se desencadear a partir de um único pensamento, de uma especial circunstância em que o pensamento se mostra capaz de mover a montanha. Mas isso fica para outro capítulo. Enquanto eu vou tomar um pouco d'água, você pode aproveitar para fazer xixi.

LAMPEJOS DE GENIALIDADE

O que é que acontece depois desses lampejos, *insights* ou atos de percepção? Você vira um Einstein para sempre, ou se transforma repentinamente em *nerd*? Ou volta a ser o que sempre foi, apenas com a vaga lembrança de um dia ter tido uma ideia brilhante? Nem uma coisa, nem outra. Na verdade, todo o movimento humano em direção à civilização, todo o processo civilizatório, é alimentado por momentos como esse. Desde Platão, na Grécia Antiga, considera-se que a evolução do pensamento humano, e, por consequência, das ciências e até do comportamento, depende desses lampejos.

Veja o esquema abaixo, desenhado pelo filósofo brasileiro Luiz Jean Lauand:

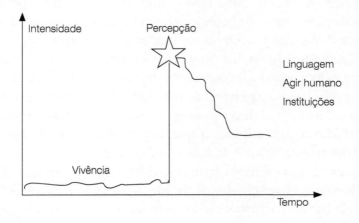

O que é que esse gráfico está mostrando? Na linha vertical, temos a evolução da intensidade da nossa vida mental e psíquica. Na linha horizontal, o tempo, um determinado trecho da nossa vida. A linha cheia de curvas é a nossa vivência, que sobe ou desce conforme a intensidade e avança ao longo do tempo. Veja que o Mané que estamos observando tem uma vivência bastante irregular, como, aliás, todos nós temos. Um dia ele está beleza, faz muitas coisas gratificantes, está até se amando. No outro dia ele só faz besteira, leva um tombo emocional, pisa na bola, e assim vai levando sua vida de Mané.

Eis que, de repente, ele tem um lampejo. Um ato de percepção acontece na mente dele, e bum! O índice de vivência do nosso Mané vai lá para cima. Maravilha! Bom, e daí? Nosso querido personagem não vai morrer em seguida. Vai ter que acordar na manhã seguinte, pão e leite, escola, toda a rotina outra vez. O que é que vai diferenciar o Mané de ontem do Mané de amanhã?

Veja no quadro: a linguagem, o agir humano e as instituições são impregnados pelo conhecimento adquirido e sustentam um novo patamar no nível de vivência do nosso amigo. Ele vai encontrar na linguagem a simbologia adequada para registrar esses novos valores, que serão consolidados e justificados por uma nova atitude do Mané em relação à sua vida, e ele irá procurar junto às instituições humanas um nicho adequado e confortável. Ao mesmo tempo, a linguagem deve consolidar novos símbolos introduzidos pelo ato de percepção, esses símbolos vão redefinir as atitudes do Mané e a soma dessas novas atitudes vai mudar as instituições, ou seja, a família, o ambiente social, suas relações sociais. A transformação da linguagem ocorre espontaneamente, como resultado da própria percepção desse outro nível de realidade. A mudança de atitude se consolida a partir dessa linguagem, mas exige um suporte ativo do indivíduo, uma atitude, enquanto sua influência sobre as instituições resulta sempre de ações conscientes.

Quer ver um exemplo do dia a dia? Mané adora guitarra. Todo dia ele ensaia, ouve seus discos prediletos, não perde os videoclipes daquela banda, enche o saco dos vizinhos com suas distorções.

Dentro da sua mente, ele é quase um Santana, é o Mané Hendrix, mas, lá fora, a vizinhança está a ponto de chamar a Tropa de Choque. Que é que há com o Mané? Ele está completamente desconectado da realidade. O que ele pensa que faz não é o que ele faz, ou seja, seu desejo se realiza apenas na fantasia porque ele não encara os limites da sua própria incapacidade técnica de arrancar um som satisfatório da guitarra. É satisfatório só para ele.

Então, um dia, nosso amigo está voltando para casa, aquele tédio todo, chacoalhando no ônibus. Ele não está pensando na sua guitarra, não está cantarolando nem batucando na perna. De repente, sua mente recebe um estímulo diferente. Pode ser a voz de alguém no banco de trás, a combinação de cores num cartaz, o próprio ritmo do motor do ônibus, qualquer coisa que altere subitamente o seu estado de consciência. E no mesmo instante Mané começa mentalmente a tocar sua guitarra, os dedos achando a posição correta, o som se desenhando claramente em sua mente. Ele teve um ato de percepção, seus olhos ganharam um brilho estranho e tudo que ele faz agora é se concentrar na sequência de notas que aparece à sua frente.

Ele desce do ônibus e, com todo cuidado para não ser atropelado no próximo cruzamento, alimenta aquela nova ideia até chegar em casa. Janta, escova os dentes e liga a guitarra. Quando a família está arrumando uma desculpa para cair fora, um som harmonioso sai do quarto do Mané. A magia pode durar pouco, mas este Mané é completamente diferente do Mané de ontem. Sua habilidade com a guitarra vai ser outra daqui para a frente se ele souber consolidar esse novo conhecimento agregado à sua linguagem musical, se adotar uma atitude mais aberta em sua relação com a música e se tiver coragem para aplicar essa nova atitude às outras relações que precisa manter, na escola, no trabalho, com os amigos, a namorada etc.

Claro que o nosso amigo não está pronto para substituir o Cavallera, nem a imprensa vai chamá-lo de Jimi Hendrix tupiniquim, mas uma janela se abriu para um novo patamar em sua vida. Ele teve uma noção de como pode tocar muito melhor e descobriu que precisa consolidar tecnicamente aquilo que brotou em sua mente como um presente dos deuses. É assim que nós crescemos e encontramos nosso papel na sociedade.

Bom, você vai dizer, tudo muito lindinho, parabéns para o Mané, mas como é que eu faço com minha próxima redação, como é que vou encarar aquele próximo relatório? Espero que um raio caia na minha cabeça? Tomo um ácido para ver se acontece um lampejo desses? Entro num grupo de ioga? Bem, se um raio cair na sua cabeça, ninguém nunca mais vai pedir que você faça uma redação. Se você procurar o lampejo num aditivo químico, a única coisa que vai acontecer é a queima de alguns milhões de neurônios em seu cérebro. Se você entrar numa de meditação, o máximo que pode acontecer é você adquirir serenidade para encarar aquele olhar de piedade quando entregar o texto.

Bem, voltemos algumas linhas atrás. Falamos, de passagem, em receber o ato de percepção como um presente dos deuses? Então vamos aproveitar o gancho e arrastar de volta para esta janela aquela discussão sobre as diferenças entre as culturas orais primárias e as culturas letradas. As sociedades imersas na oralidade geralmente explicam os fenômenos de causa desconhecida como atos de deuses e utilizam a figura dos mitos para preservar os valores de sua sociedade ou suas histórias. Portanto, exercitar a escrita usando como conteúdo elementos míticos é uma forma de nos remeter a essa expressão de oralidade.

Na verdade, os mitos são formas antiquíssimas da ciência e mesmo teorias científicas aceitas durante muitas décadas estão hoje catalogadas na categoria da mitologia. O que tem isso a ver com o desenvolvimento da criatividade ou a habilidade para se expressar com eficiência e arte por meio da escrita? Tem que a presença de espírito exigida para a criação exige que o indivíduo esteja disposto a encarar o pensamento como uma aventura.

Pegamos pesado? Então vamos dar uma relaxada. No próximo capítulo, vou contar uma história que representa bem a passagem do universo arcaico para o ambiente moderno, pós-escrita. Trata-se de uma versão livre do *Hino a Zeus*, poema composto cerca de 600 a.C. pelo pensador grego Píndaro. Não existem cópias inteiras desse poema, ou seja, do poema original sobraram apenas fragmentos. O que se sabe dele, além desses fragmentos, são recriações e referências feitas posteriormente por outros poetas e filósofos.

HINO A ZEUS

Consta que Zeus, o deus supremo, olhou o mundo em volta e decidiu que era necessário organizá-lo. Por sua própria vontade, então, ordenou todas as coisas e seres, dando-lhes nomes e funções. Os animais foram agrupados em famílias e por espécies, os peixes lançados ao mar, as aves ao céu, as plantas segundo sua natureza e lugar, todos os seres vivendo segundo seu próprio tempo e os ciclos, associados aos movimentos da Lua e das estrelas, à ação do Sol, dos ventos e da chuva. Então, do Caos se fez o Cosmos.

Zeus gostou do que fez e convocou os outros deuses para lhes mostrar sua criação. Quando Zeus lhes revelou o Cosmos, todos se admiraram do seu poder e da sua infinita sabedoria. Todos, exceto Apolo, o deus da perfeição e da harmonia. Apolo disse: *Zeus, sua criação é magnífica, mas tem uma falha.* Os outros deuses ficaram espantados com a ousadia do belo Apolo e voltaram-se todos para Zeus. O Supremo, em tom de aborrecimento, quis saber mais. *Então, Apolo, qual é a imperfeição do Cosmos?* Apolo apontou um ser bípede colocado entre os seres e objetos da criação e disse: *O homem é um ser que esquece. O homem, que o Senhor escolheu para ser o síndico do Cosmos, é um ser que esquece. Assim, ele logo irá esquecer sua origem divina, em seguida vai pensar que é o senhor do Cosmos, vai destruir as florestas, matar os animais...*

Zeus compreendeu e decidiu buscar uma solução para o problema. Escolheu entre as mortais a bela Mnêmosis e teve com ela cinco filhas: Arte, Filosofia, Amor, Poesia e Música. Zeus colocou, então, suas cinco filhas, as Musas, acessíveis aos seres humanos. Assim,

27

toda vez que um humano entra em contato com uma das Musas, ele recobra a memória de sua origem divina e pode melhor cumprir o papel que Zeus lhe designou no Cosmos.

Esta obra, considerada como ponto de partida para a constituição da filosofia ocidental, é também uma metáfora para o processo de conhecimento que resulta da escrita. Antes de ser transformada em texto, qualquer história pode ser comparada ao Caos: todos os elementos estão presentes na sua memória, mas lhes falta o toque divino que vai dar a eles uma ordem, e dar a cada elemento sua função e um valor específico. Toda vez que escreve um texto, você é Zeus. Ao organizar os elementos do Caos, você vai criar o Cosmos.

Veja bem: o Caos não é a ausência de elementos e também não é o excesso de elementos, como muitas vezes imaginamos ("Minha filha, seu quarto está um caos!"). O Caos é o mundo das coisas não simbolizadas. As coisas estão presentes no Caos mas, como não sabemos seus nomes, valor ou expressão simbólica, não podemos reconhecê-las. Quando nomeamos as coisas e colocamos uma relação de valor entre elas, as coisas se tornam objetos, que podem ser reconhecidos por outras pessoas. Então, ao escrever, você está fazendo uma afirmação de identidades, valor e ordem, você está assumindo a criação de uma realidade que poderá ser partilhada por quem tiver acesso ao seu texto.

O filósofo americano John Austin, considerado um dos grandes pensadores do século xx, fez uma série de palestras na Universidade Harvard em 1955 nas quais analisava o fato de nossa sociedade moderna e muitas sociedades primitivas terem entre suas características a possibilidade das palavras que fazem coisas. Austin fala sobre o poder do que é dito ou escrito, desde as palavras mágicas de pajés e xamãs, que ao serem pronunciadas fazem alguém se curar de uma doença ou ser amaldiçoado para sempre, até as frases que consolidam rituais de contratos, como quando a noiva responde: "Sim". De certa maneira, trata-se de uma referência à capacidade do ser humano de criar uma nova ordem a partir da vontade explicitada na palavra, ou de revelar uma ordem subjacente num cenário aparentemente caótico.

Quando você escreve um relatório ou conta uma história, está acontecendo exatamente isso: o caos de elementos desconexos vai se alinhando e ganhando um sentido para quem vai lendo. Assim como os contadores de histórias que reúnem a tribo ao redor do fogo (isso ainda acontece em muitos lugares do mundo), você está dando um sentido àquilo que antes era o Caos.

Séculos e séculos de escrita e de História não eliminaram um ponto fundamental das sociedades humanas: o símbolo, o mito e o ritual ainda permeiam as relações entre as pessoas. Na nossa sociedade extremamente mediada pelas revistas e jornais, emissoras de rádio e televisão e pela Internet, os símbolos podem se tornar mutantes, a condição de mito se torna inconstante e os rituais podem mudar com o fenômeno da moda, mas eles estão sempre presentes no processo de conhecimento.

Assim como ninguém escapa desses vínculos cósmicos, também é verdade que ninguém se reconhece sem a noção do "outro". Ou seja, para ter uma ideia da sua própria existência, de sua identidade e seus papéis no grupo social, você precisa enxergar outra pessoa. O "outro" é limite e valor para cada um de nós e vamos precisar sempre de um referencial externo para desenvolver nossa individualidade. Quando a pessoa desenvolve e amadurece sua individualidade, está pronta para assumir sua parte no coletivo. Sem a noção do "outro/outra", a pessoa se torna um ser antissocial. Isso explica em parte a violência do nosso tempo, certo?

O ato de escrever é uma das formas de buscar esse referencial. Ninguém escreve para si mesmo. Ao escrever, estamos construindo visões de realidade com elementos tirados da fantasia, e nisso colocamos razão e sentimento, ou seja, ao escrever estamos dando nova forma a uma realidade filtrada pelas emoções. Precisamos no mínimo de que o "outro" nos devolva um sinal de reconhecimento. Sem isso, aquilo que criamos não existe de fato a não ser no nosso pensamento. Portanto, esse negócio de dizer que escreve "para ninguém ler" é pura onda. Você pode até ter um pouco de acanhamento, esconder seu texto naquele diário com os patéticos *Teletubbies* na capa, mas no fundo quem escreve está sempre esperando um referencial ou um julgamento externo.

Isso vale mesmo no caso do seu diário, que é escrito para ler mais tarde, porque aquele "eu" que vai ler é completamente diferente do "eu" que escreveu. Quantas vezes a gente riu ao reler um texto escrito "pra mim mesmo", ao perceber que a angústia daquele momento da escrita não tinha nada a ver? Paixões desenfreadas, ódios mortais, dramas sem fim parecem bobagens aos olhos do "outro eu", algum tempo depois.

Se considerar que, ao escrever, a gente também exerce um julgamento sobre o texto, imagine o peso que cai sobre suas mãos toda vez que você tem que fazer uma redação ou um relatório. Nunca vai ser fácil, se você não der um jeitinho de controlar a ansiedade que é provocada por todo esse controle. Também não adianta nada eu ficar aqui dizendo para você: "Controle sua ansiedade, cuide da postura, tenha confiança!" O que eu posso garantir é que existem algumas técnicas muito simples para superar esse abismo entre o "eu" e o/a "outro/a" e facilitar a sua tarefa de expressar o pensamento por meio da escrita.

Às vezes alguém pergunta: por que é que eu consigo falar bem, me expressar com clareza quando estou conversando e nunca consigo escrever direito? Primeiro, porque ao conversar com alguém acontece uma interatividade que oferece um retorno constante do "outro", de modo que a cada frase você conta com referenciais daquilo que acabou de dizer. Isso vem dos gestos, do olhar, do tom de voz e das expressões faciais e corporais do interlocutor. Quando a conversa acontece pelo telefone (oralidade secundária), as frases, interjeições, muxoxos, suspiros e até a respiração e os silêncios de quem está do outro lado da linha sustentam essa interação.

Quando você escreve, não existe essa mesma comunicação imediata, exceto na Internet (convergência oralidade/escrita), se você está numa conversa on-line, quando o diálogo vai guiando o seu texto e o texto daquela amiga que vive lá na Eslovênia Interior. Então, uma das bases para uma técnica possível de redação é a criação de uma simulação de interatividade para o momento de escrever, ou seja, precisamos ter, no momento de escrever, a sensação de que estamos conversando com alguém.

É claro que antes de fazer uma redação você precisa dominar um certo vocabulário e saber conduzir uma conversa. A melhor maneira de adquirir vocabulário é a leitura, claro, mas não vamos nos estender muito nessa obviedade. Só vou lembrar que o melhor meio de obter vocabulário pela leitura é ler textos que sejam agradáveis e que ao mesmo tempo tenham qualidade. Outra maneira de desenvolver o vocabulário é o diálogo. Na hora do bate-papo, procure manter a conversa dentro da temática que é conduzida pelo grupo, sem saltar de um assunto para outro.

Aprenda a ouvir e, ao falar, procure dar clareza às suas ideias e opiniões e deixar evidentes suas dúvidas. Se você apenas participa das conversas com monossílabos e gíria e se você está sempre, digamos, "defecando regras", logo, logo, todo mundo vai perceber que você não considera inteligentes seus interlocutores. Daí, é muito fácil que as pessoas passem a considerar sua companhia um fardo. Conversar com alguém assim equivale a arrastar um baú sem alça e sem rodinhas.

A outra boa maneira de adquirir vocabulário é observar as coisas que acontecem na sua rotina. Olhe as pessoas na rua. Veja como se vestem, a maneira como andam, tente distinguir os vários tipos humanos que povoam a cidade. Não se recuse a "tirar um sarro" de você mesmo, transformando-se em personagem de suas próprias histórias. Além de ser um bom exercício, isso nos ajuda a não levar muito a sério pequenas angústias do dia a dia.

A memória pode ser exercitada a partir do olhar, dos estímulos sonoros, do olfato etc. Acostume-se a relacionar os ruídos da feira ao cheiro de peixe, de frutas ou do pastel, por exemplo. Não passe pela vida como se não tivesse nada a ver com o que acontece à sua volta. A partir dessa observação, você pode sofisticar suas narrativas quando souber dosar a oferta de informações no seu relato.

Lembra do nosso amigo guitarrista? Pouco adianta conhecer a técnica ou saber de cor a melodia se na hora de executar ele se afoba e engole os intervalos.

Ao escrever, lembre-se da técnica de contar uma piada. Você nunca entrega tudo logo de cara, você tem que criar um clima para preparar o lance final, mas a piada será muito mais engraçada se as outras pessoas forem formulando imagens mentais na sequência do raciocínio do narrador. Quem costuma ler o escritor Luis Fernando Veríssimo sabe reconhecer essa técnica. Mesmo nos episódios mais óbvios ele costuma criar um suspense antes da revelação que dá graça ao texto, transformando fatos comuns em momentos de grande inspiração.

A mesma técnica é usada pelos escritores de livros de auto-ajuda que tanto sucesso fazem pelo mundo afora. A gente pode até fazer algumas restrições ao conteúdo que eles oferecem, a certas generalizações e obviedades, mas geralmente eles se revelam mestres em comunicar aquilo que desejam partilhar com os leitores. Ao ler qualquer coisa, não assuma uma atitude passiva. Tente observar a técnica utilizada, fique de olho na sequência dos capítulos e de como o autor ou autora está tentando "vender" uma ideia. Faça isto com este livro e tente encontrar as "pegadinhas" que foram sendo deixadas aqui e ali para convencer você a chegar até este capítulo.

O ESCRITOR CEGO

Jorge Luis Borges foi um grande escritor e poeta. Sua obra é tão influente que, pode-se dizer, mudou o modo de escrever e pensar de gerações de outros escritores, poetas, compositores e até mesmo arquitetos e filósofos. Além disso, sua criação transformou a imagem internacional da cidade de Buenos Aires, onde viveu a maior parte de sua vida. Boa parte dessa obra foi executada quando Borges já não podia enxergar. Quando sua deficiência visual se tornou grave, ele desenvolveu a técnica de "ensaiar" os textos em sua mente até considerá-los prontos. Depois, ele ditava para sua mãe, que lia e relia com todas as pausas e pontuações até que ele os considerasse perfeitos.

Pode-se dizer, então, que Borges foi escritor e depois se tornou "ditador", mas ninguém pode distinguir em sua obra o que foi escrito pessoalmente por ele e o que foi ditado para sua mãe e, posteriormente, para sua secretária, Maria Kodama. Como Borges tinha uma caligrafia minúscula, a dificuldade de escrever certamente se manifestou muito antes de que a deficiência atingisse outras atividades do escritor. Mas, mesmo depois de praticamente completada sua obra, já com mais de 80 anos de idade, ele ainda dizia: "Sigo escrevendo". Portanto, ele não fazia diferença entre escrever com suas mãos ou escrever pelas mãos de outra pessoa. Para ele, criar e escrever eram a mesma coisa.

Claro que a citação de Borges remete nossa conversa a um nível estratosférico da escrita, mas a referência às duas fases de sua vida nos ajuda a entender como o texto escrito passa necessariamente, em sua formulação, por uma natureza de oralidade. Borges e outros escritores, como o brasileiro João Guimarães Rosa, autor de *Grande sertão: veredas*, escreviam como quem contava uma história ao pé do fogo, recriando a atmosfera do princípio dos tempos da sociedade humana. Borges considerava que, uma vez imaginada, a história já não pertencia mais ao autor. Ele chega a afirmar, na introdução do seu primeiro livro, publicado em 1923: "O fato de ser eu o escritor e você o leitor é apenas uma casualidade".

"Bababadalgharaghtakamminarronnkonnbronntonnerronntuonnthunntrovarrhounawnskawntoohoohoordenenthurhuk!"

De onde você pensa que eu tirei a sequência acima? De um fanzine do Wolverine? Não. Isso está no segundo parágrafo do primeiro capítulo do romance *Finnegan's Wake* (O Despertar de Finnegan), obra-prima do escritor irlandês James Joyce. É a representação escrita do barulho de um trovão, em inglês com sotaque de Dublin. Segundo a linguista e jornalista Ingrid Bejerman, esse livro inteiro tem a ver com tormentas, água e paralisia e a maneira mais impressionante de lê-lo é em voz alta. Joyce deve ter escrito o romance gritando para si mesmo, mentalmente, cada frase, tentando em cada grito espantar a sensação de morte lenta que se percebe em toda a obra.

Alguns estudiosos sustentam que os escritores gregos e latinos da Antiguidade produziam suas obras por meio do ditado. Mas, assim como Borges após a cegueira, aquilo não era uma improvisação: primeiro vinha a meditação sobre o tema, depois um rascunho, então uma leitura solitária. Só mais tarde, após as correções e os retoques, a obra era ditada para um escriba. Essa última etapa era também uma forma de conferir as qualidades de *oratória* presentes no texto, uma vez que as composições eram comumente destinadas a conferências e discursos diante de autoridades, discípulos ou admiradores.

Há também estudiosos, como Ana Teberosky, professora de Psicologia Evolutiva da Universidade de Barcelona, que acham que um texto só adquire realidade ao ser lido, citado ou discutido.

Outros pensadores consideram que um texto se torna realidade ao ser elaborado ainda no pensamento, porque nesse preciso instante ele altera a natureza do pensamento (como aqueles jogos eletrônicos que alteram suas próprias regras ou certos vírus de computador, lembra?) e, com isso, todas as manifestações externas de quem criou o texto acabam sofrendo transformações.

O pesquisador russo Vladimir Propp aplicou técnicas de crítica literária ao estudo de manifestações folclóricas e concluiu que toda história carrega uma organização anterior, como se fosse uma tela comum onde ela vai se instalar. Ele afirma que as histórias novas não criam novas organizações, apenas recriam as organizações tradicionais, que se repetem desde que o primeiro ser humano começou a contar sua visão do Cosmos para outro ser humano, diante de uma fogueira.

Essa organização é o que os linguistas chamam de "gramática da história". Ela passa de uma língua para outra, da expressão oral para a escrita, da escrita de volta para a oral, e também atravessa os diversos meios de comunicação e forma de expressão, como o cinema, a televisão, a Internet, a dança, as artes plásticas etc. Por isso é que você pode reconhecer a história em suas variadas versões, num livro ou no cinema. Essa estrutura é muito simples, formada por apenas três hastes, como as tendas mais primitivas:

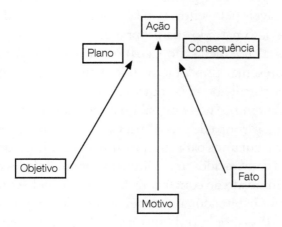

Essa organização para a narrativa é a representação mental de um processo que está presente em uma forma de relacionamento profundamente enraizada na natureza social do ser humano. Trata-se de uma capacitação que se desenvolve muito cedo: mal nos damos por gente e sentimos a necessidade de estabelecer nossa versão da história do mundo. Estudos publicados em 1986 mostram que crianças a partir de dois anos e meio já apresentam essa capacidade de organizar ações e tempos para dar expressão externa a uma realidade do pensamento. Essa expressão, ao ser bem-sucedida, faz com que a criança consolide sua "gramática da história", dando início a um processo contínuo de melhoria da sua capacidade de adquirir conhecimento e expressá-lo.

Até o momento de ser alfabetizada, a criança recebe estímulos contínuos ao aplicar essa "gramática". Por meio de beijos, sorrisos e da atenção carinhosa, os adultos e educadores formais reforçam essa habilidade e a induzem a enriquecer suas narrativas e abusar da criatividade. Mas quando a criança passa a escrever, acontece o que os linguistas denominam "reificação", mas nós vamos chamar de "coisificação", da história.

Trata-se de um processo de distanciamento que ocorre entre o narrador e a história. Por causa do peso que a crítica externa exerce sobre o resultado da narrativa, quem escreve normalmente procura agregar à sua "gramática da história" elementos que considera aceitáveis pelo leitor. Isso faz com que o autor deixe de reconhecer no fato narrado sua própria criação. A história passa a ser uma "coisa" (elemento do Caos) que nunca lhe pertenceu, em vez de representar um "objeto" (elemento cósmico) que ele emitiu para ser partilhado pelas outras pessoas.

Ao longo do tempo, nós nos habituamos à ideia de que a escrita é como uma "roupa de missa" para a linguagem, ou seja, um processo que executamos para cumprir um protocolo do qual não estamos muito convencidos. Isso elimina as possibilidades de prazer que existem no ato de contar uma história. Se, pelo contrário, nós estivéssemos habituados a considerar a presença do/da "outro/outra" no ato da elaboração da história, mas uma presença que significasse a partilha desse momento mágico e transcendental, teríamos aprendido a construir a ponte entre o pensamento e sua expressão externa.

Está muito claro que, se tivéssemos sido estimulados com beijos e afagos a cada tentativa de produzir um texto, certamente teríamos desenvolvido nossa habilidade para criar conteúdos de qualidade em cima da nossa "gramática da história". Epa, apague esse olhar de raposa sobre aquela pessoa apetecível logo ali. Temos séculos de condicionamento e não é o momento de ficar esperando abraços e beijinhos e carinhos sem ter fim. Agora precisamos readquirir a capacidade de enxergar essa "outra pessoa" ao nosso lado, partilhar com ela a intimidade da criação.

Ainda há muito trabalho pela frente e você tem uns minutos para dar um pulo até o banheiro. Vou fazer um café que este capítulo não foi fácil.

CÓPIA OU INVENÇÃO?

Até bem pouco tempo, na década de 1960, os métodos de ensino de redação ainda repetiam valores do período Clássico, quando o texto era preparado para ser submetido à aprovação do público. Esse ponto de vista dava prioridade à imitação de modelos valorizados pela tradição. Mesmo quando destinado à leitura individual e não a exibições públicas, o texto escrito continha os elementos básicos da retórica, no sentido em que ela é definida como "a arte de falar bem para persuadir". O ensino consistia na análise de textos-modelo e a invenção era desestimulada.

A revolução de valores e costumes ocorrida a partir dos anos 60 do século xx chegou à pedagogia e varreu o modelo tradicional para fora da escola. De um momento para outro, uma nova pedagogia passou a valorizar a inspiração e a criatividade, encarando a escrita como parte das expressões da individualidade e como exercício de liberação.

Mas assim como os tradicionalistas haviam amarrado a expressão escrita aos dogmas rígidos da reprodução de estilos consolidados, também a pedagogia moderna acabou caindo em sua própria armadilha. Por horror aos dogmas, os educadores perderam-se na falta de limites e acabaram transformando a liberalidade num padrão fechado, exatamente como aqueles dogmas que eles condenavam. De fato, muitos textos publicados nesse período como referências de qualidade apresentam-se hoje como produções datadas, de qualidade duvidosa. Uma análise de provas escolares e questões apresentadas nos vestibulares dos anos 70 e 80 revela, ao lado de pilares da Literatura como Machado de Assis, escritores de obras cuja "validade" expirou em poucos anos.

Hoje em dia, vivemos num ambiente cultural difuso que poderemos chamar de "barbárie semiológica", se interpretarmos com atenção as análises do pensador francês Roland Barthes. Nossa sociedade é muito voltada para a imagem e os meios de comunicação abandonaram sua função de educar. Há uma super-valorização de todas as expressões que alcançam a mídia. Com isso, o texto escrito volta a adquirir funções de retórica ao mesmo tempo em que o pavor dos dogmas dificulta a adoção de valores claros para sua classificação e melhor compreensão. Ainda assim, o que se vê é a rotulação generalizada de quase todas as expressões humanas, desde a música e o cinema até o comportamento e o modo como as pessoas se vestem.

Passamos, então, da imitação pura e simples para a plena invenção e voltamos ao processo de reprodução de modelos. Basta observar a produção literária e as expressões de oralidade eletrônica consideradas bem-sucedidas para a gente constatar que o texto mais aceito é aquele que reproduz "a arte de falar bem para agradar à maioria". Basta folhear um dos livros de autoajuda que são vendidos aos milhões para você se familiarizar com todos eles, sejam fundamentados em supostas especializações em "neurolinguística" ou em experiências místicas e pressupostos religiosos que ninguém se preocupa em conferir.

Nesse universo confuso, como é que fica o nosso próximo texto? Como se já não bastasse toda a dificuldade natural de colocar em letrinhas, uma atrás da outra, aquilo que você tem a dizer, ainda vem este chato para colocar em dúvida aquilo que o pessoal aprendeu a valorizar. Sinto muito, mas exercer uma atitude criteriosa é parte do aprendizado para quem pretende continuar seu processo de alfabetização. Ou será que você se considera plenamente alfabetizado/a?

Tenho que me desculpar pelo possível desapontamento, mas o processo de alfabetização nunca se esgota. Quando a gente aprendeu a movimentar os signos para expressar ideias ou emoções, a única coisa conclusiva que fizemos foi iniciar uma nova etapa na busca de conhecimento. Lembra quando você brincava com cubinhos de plástico? Você estava apenas treinando para montar aqueles castelos de bloco, o que preparava você para a difícil tarefa de juntar as peças do quebra-cabeça e assim sucessivamente até o momento em que você terá que encaixar as informações dos diversos setores de uma empresa para definir sua estratégia de investimentos ou visualizar os diversos componentes de um complexo de informações para arquitetar um programa de computador. A escrita, realimentada pela leitura e por mais escrita, compõe um processo de qualificação para o conhecimento que começa com os símbolos básicos do alfabeto e nunca termina.

Atualmente, estudiosos dos símbolos e pesquisadores do comportamento humano se encontram empenhados num grande conflito que lembra as Cruzadas. Como cristãos e mouros em guerra por suas cidades sagradas, eles não percebem que a essência daquilo que tentam conquistar não está nos muros milenares de Jerusalém. Uns dizem que a expressão humana, escrita, pintada, filmada etc., se decompõe e se reconstrói cada vez que é lida, vista, ouvida pelo/pela "outro/outra". Os opositores escrevem páginas e páginas para desmoralizar tal afirmação, agarrados à ideia da perenidade da obra humana. Por trás de cada linha de combatentes tremula como bandeira um conceito de civilização.

Na verdade, trata-se do mesmo conflito entre aqueles que concebem o universo de um ponto de vista material e concreto e os que apostam na hipótese de um universo imaterial no qual todos os fatos derivam de manifestações de energia. Esse choque de ideias se consolidou no começo do século xx e condiciona até hoje o modo como a humanidade enfrenta o desafio do conhecimento. A verdade não deve estar nem de um lado, nem do outro, mas bem no centro dessa discussão.

Amit Goswami, professor titular de Física Quântica da Universidade de Oregon, nos Estados Unidos, derramou há poucos anos um galão de combustível na fogueira das vaidades científicas ao publicar o resultado de estudos nos quais indica que o universo é autoconsciente, ou seja, que existe uma inteligência por trás de todos os fatos e relações conhecidas pelas ciências. Ele parte da constatação de que um elétron pode estar em dois lugares ao mesmo tempo, ou, mais literalmente, um elétron pode manifestar-se em dois lugares distintos ao mesmo tempo, para afirmar que, sendo uma onda de elétrons na verdade uma onda de probabilidades, a matéria não existiria sem uma consciência por trás dessas ondas.

Seus estudos são considerados por alguns como pura especulação filosófica, mas há quem os considere o ponto de partida para uma revolução do conhecimento. De qualquer modo, Goswami e outros pensadores educados na Física e em outros ramos científicos convergem numa direção: nas primeiras décadas do milênio II, Deus será tema de ciência, não apenas preocupação de religiosos, místicos e filósofos.

Só para criar uma distração, vamos lembrar a natureza das ondas. Se elas avançam numa direção mantendo um determinado ritmo, que chamaremos de fase, uma onda reforça a outra e ao mesmo tempo uma onda cancela a outra, de modo que o resultado dessa conta de reforços e cancelamentos vai determinar até onde e em que padrão elas vão se estender. Se pudéssemos examinar cada onda, veríamos que na estrutura de cada uma delas também ocorrem fenômenos de reforços e cancelamentos. Segundo Goswami, se essa redução for levada até o extremo da observação, veremos que no interior da onda os elétrons interferem uns com os outros em padrões similares aos que verificamos ao olhar as ondas. O que complica nossa história é que mesmo um único elétron pode se dividir e interagir consigo mesmo, o que na prática equivale a dizer que ele está em dois lugares ao mesmo tempo. Diz o cientista que é preciso uma autoconsciência presente no elétron para que a interferência resulte num determinado movimento.

Para nosso proveito, podemos tirar daí a conclusão de que as ondas de pensamento que viajam pela estrutura eletromecânica e química do nosso cérebro se comportam de maneira semelhante, com padrões organizados por uma "inteligência autoconsciente".

Você se lembra do *Hino a Zeus*? Vamos considerar, então, que essa "inteligência autoconsciente" seja aquela natureza divina da nossa origem que, segundo Apolo, a gente vive esquecendo. Seríamos nós capazes de treinar nossas mentes para que as ondas de pensamento possam fluir num padrão de conflitos e confluências mais produtivo e mais satisfatório?

Certamente, tomar consciência de como funciona nosso organismo nos ajuda a cuidar bem dele e a tirar mais prazer e mais proveito de cada conjunto de músculos. Quem pratica esporte com alguma regularidade aprende logo que sua eficiência e o prazer do jogo melhoram se houver uma medida certa na combinação entre esforço e alongamento, ou seja, entre conflitos e confluências. Vamos extrapolar o raciocínio e saltar da sua coxa para o planeta? Observe, por exemplo, que os movimentos tribais e étnicos se tornaram cada vez mais importantes à medida que o processo de globalização se estendeu pelo globo terrestre, ou seja, no âmbito intramolecular ou em termos planetários e até cósmicos, os padrões surgem da combinação de conflitos e confluências, de movimentos cíclicos de contração e expansão.

Voltando à análise dos processos criativos, que tal encarar a possibilidade de combinarmos as duas escolas para fazer nascer desse casamento uma nova visão do conhecimento? Por exemplo: encaremos como regra e limite a "gramática da história" que analisamos ali atrás. Se assumirmos que toda história contém elementos de tempo, lugar, seres, eventos, externo, interno, valores, emoções, normas, verdades, dogmas, enganos, moral, arquétipos, medos e desejos, teremos uma grade de referências que poderão nos ajudar no sentido da contração do processo expressivo. Se colocarmos do outro lado a imaginação, teremos a função de expansão nesse mesmo processo.

Para que a imaginação, ou fantasia, ou fator de criação, tenha efeito, precisamos dos referenciais fixos, ou contratores, aquilo que remete o processo para dentro, onde a imaginação toma impulso para exercer sua função expansiva. Como já observamos antes, a fantasia sem a noção clara dos limites se transforma em mero delírio, é apenas pensamento e introspecção. Sua expressão para além dos limites do pensamento cria novas realidades que nos dão referenciais de valor.

O escritor colombiano Gabriel García Márquez, prêmio Nobel de Literatura em 1982 e considerado uma das maiores expressões da Literatura contemporânea, costuma dizer que todos os elementos de uma história cabem em duas referências: amor e morte. Aliás, um de seus grandes medos sempre foi que, depois de morto, um desses "psicoescritores" tão populares tivesse a ideia de "continuar" sua obra. Recentemente, a Internet tornou realidade seu pesadelo, espalhando pelo mundo um texto piegas supostamente escrito por García Marquez. "O que vai acabar me matando é o fato de muitas pessoas acreditarem que eu seria capaz de escrever uma coisa tão cafona", lamentou-se o escritor.

Voltando à natureza das ondas, podemos observar que a morte, síntese da paralisia e da contração, se opõe ao amor, que tem natureza expansiva. O amor produz o movimento para fora, o medo da morte obriga ao recolhimento, e assim avança a história, em ondas autoalimentadas como nos fluxos de elétrons.

Pois não dizem que certas paixões são eletrizantes?

QUAL A SUA POSIÇÃO?

Quando você entra num grupo de diálogo, qual sua atitude mais típica? Você vai na corrente, engrossando a opinião dominante, mesmo que no íntimo seja contrário a ela, ou é do tipo que faz diferença? Quando o grupo desvia a conversa para temas e abordagens que lhe desagradam você se omite ou dá um jeito de colocar um questionamento para romper a tendência e provocar uma reflexão mais profunda sobre a questão? Você sabe usar o senso de humor como condutor de conversações?

Essas variáveis podem ser definidoras quanto à sua capacidade de se comunicar com eficiência e criatividade. Assim como o exercício do diálogo é uma boa maneira de melhorar a escrita, a comunicação instrumental nos dá a oportunidade de exercitar e até melhorar algumas qualidades da nossa comunicação natural. Seja por escrito ou ao telefone, ou até mesmo diante de um microfone, o que você irá tornar público se transforma em um compromisso mais forte do que aqueles que são estabelecidos nas conversas informais: na comunicação instrumental, supõe-se que você teve mais tempo para refletir sobre o que pretendia dizer.

Portanto, se você prestar atenção à maneira como participa das conversas, mesmo as mais banais, vai encontrar formas bastante simples e criativas de melhorar sua escrita. Por exemplo, os "bordões" que as pessoas usam normalmente para preencher o tempo nos bate-papos, do tipo "veja bem", "sei lá", em geral não cabem na comunicação escrita, a menos que você esteja querendo descrever uma pessoa com poucas habilidades de comunicação. Porém, são indicativos de como as pessoas introduzem novos temas ou opiniões divergentes nas conversas.

Se você exercitar a habilidade de transpor para o texto escrito algumas dessas observações, vai notar que escrever não é tão mais difícil do que falar. A rigor, uma pessoa que sabe contar bem uma história ou uma piada está em princípio qualificada para escrever bem. Basta imaginar os interlocutores, definir a posição que irá adotar e respeitar a sequência que utilizaria se fosse contar a história verbalmente. Se nas rodinhas de amigos você respeita uma sucessão de informações entremeando zonas de silêncio e tons adequados para obter o efeito desejado, o mesmo deve acontecer quando você está escrevendo.

Existem dois fatores básicos entre os que em geral atrapalham no momento de escrever: o excesso de autocrítica e a falta de compromisso com o conteúdo. Um pouco mais para a frente vamos cuidar da autocrítica, aquele grilo falante que fica enchendo o saco quando escrevemos. Quanto ao compromisso, podemos pensar em alguns exercícios para serem feitos em grupo ou solitariamente.

Um desses jogos: junte o grupo no centro de uma sala e proponha um tema para discussão. Por exemplo, o direito à eutanásia, ou seja, a autorização dada a um médico para encurtar a vida de um paciente terminal que está submetido a muita dor. Coloque o tema genericamente e instrua as pessoas a escolher um canto da sala conforme suas opiniões: completamente a favor, concorda em parte, discorda em parte e completamente contra. Quem não tiver uma convicção formada pode ficar no centro, mas só até os quatro grupos terem expressado seus primeiros argumentos. Após a primeira rodada de argumentos (sempre um para cada grupo de opinião, com no máximo um minuto de duração), todos devem ter escolhido uma posição. De vez em quando, o coordenador pode acrescentar uma frase para aprofundar o debate. Por exemplo, no caso da eutanásia, pode-se sugerir que o grupo pense também nos pacientes submetidos a sofrimento psicológico ou moral, o que certamente dá uma nova dimensão ao debate. A cada nova rodada, as pessoas têm o direito de mudar de opinião, caminhando para um outro canto. O jogo deve durar o tempo necessário para tirar o assunto do lugar-comum, ou pode ser estabelecido um número de intervenções para os grupos. Ao final, conta-se o total de adeptos de cada posição e se discute por alguns minutos a tendência dos participantes: conservadora, humanista, radical, legalista etc. Encerrada a conversa, cada pessoa deverá escrever entre dez e quinze linhas contando o que considerou mais importantes entre os argumentos levantados, definindo claramente sua posição. O tema pode ser tirado da imprensa ou mesmo de um filme.

Para ser feito individualmente, o jogo da opinião exige apenas um pouco de disciplina. Basta apanhar uma folha de papel e caneta antes de se sentar diante da TV para assistir ao noticiário. Você escolhe um tema qualquer e escreve na folha. Por exemplo: "Acidente de trem". Coloque o tema no centro da folha. Num primeiro círculo em volta do tema, vá anotando as informações que considerar importantes: onde, quando, como, por quê. Num segundo círculo, anote outros dados que podem ajudar a entender o acontecimento: quantas vítimas, danos, dificuldades, características do local. Um terceiro círculo pode abrigar dados menos objetivos que você observou vendo as imagens: bairro pobre, trem velho, falta de eletricidade, demora no socorro. No último círculo, anote os sentimentos que a notícia provocou em você. No intervalo comercial, comece a escrever. Se começar das informações do círculo central, a tendência é que você faça um relato distanciado. Se começar com as observações periféricas, a tendência é que seu texto fique mais crítico, mais opinativo.

Você pode incrementar o jogo da opinião usando artigos de jornais ou revistas. Escolha preferencialmente autores que você admira. Leia atentamente o texto, procurando entender a posição assumida pelo autor. Depois, procure mais informações sobre o assunto principal de que ele está tratando, na mesma publicação ou em outra fonte qualquer. Então, reescreva o artigo original adotando uma opinião completamente oposta à dele. Para tornar a brincadeira mais interessante, procure repetir expressões que ele utilizou, e se possível até seus argumentos, distorcendo-os em favor da opinião que você resolveu adotar. Esse exercício ajuda a observar e analisar o caráter sagrado que a palavra escrita tem em nossa cultura e induz você a superar o excesso de crítica que costuma provocar bloqueios na hora de escrever.

Lembre-se de que o humor é um elemento valioso no processo de comunicação. Sempre que couber, procure encaixar uma figura de linguagem ou uma metáfora, mas evite o lugar-comum. Procure inventar suas próprias figuras, sempre relacionadas ao seu ambiente cultural, e não tenha medo ou acanhamento de criar metáforas. Busque referências nas suas fontes musicais ou cinematográficas, ou até mesmo naquelas séries da TV, desde que o resultado seja compreensível para quem vai ler. A familiaridade com esses elementos de informação vai tornar seu texto mais fluente se os leitores a que se destina também se identificam com eles.

Não tenha medo de usar sua própria vivência para criar metáforas, pois a maior parte das pessoas que vão ler tem experiências parecidas com as suas. A menos que você seja um ET, certo? Bom, sem descartar esta última possibilidade, vamos considerar que as metáforas, mesmo elaboradas a partir de vivências muito pessoais, têm a capacidade de estimular a imaginação das pessoas porque geram uma compreensão intuitiva da mensagem que está sendo passada.

Tente se habituar a fazer analogias entre o que você está contando e o mundo real, ou fatos bastante conhecidos. Apesar de serem menos abrangentes que as metáforas, as analogias são mais estruturadas e mais próximas do raciocínio lógico. Também não fuja das ambiguidades, aquelas afirmações que parecem significar muitas coisas ou nada. Elas podem gerar significados novos na mente de quem está lendo e auxiliam na distinção entre duas ideias ou objetos aparentemente iguais.

O ato de escrever, como uma realização concreta do pensamento, é sempre uma aventura. Como toda aventura, tem um objetivo à frente e uma história por trás, mas o caminho não está claro. Para ser bem-sucedido, exige uma dose de desprendimento, um descolamento do racional. Mas a insegurança provocada por esse salto no desconhecido da invenção pode ser superada pela própria história, que funciona como uma ponte que se constrói enquanto você caminha sobre o abismo.

Gostou da metáfora? Eu mesmo inventei, agora mesmo. Ou será que alguém já havia escrito isso e a imagem ficou arquivada em meu depósito de metáforas? Talvez minha mente tenha elaborado a frase a partir de uma imagem de um filme da série Indiana Jones, lembra? Nosso herói precisa atravessar um abismo, mas não há uma ponte visível. Do outro lado estará o Santo Graal que pode salvar a vida do seu pai, ferido a bala. Ele simplesmente deixa seu corpo cair e lá está, sob seu pé, a ponte de pedra que ele não conseguia enxergar. Ou a ideia pode ter saído do filme *Perfume de mulher*, quando o cego interpretado por Al Pacino pilota uma Ferrari.

O texto também é assim: quando você dá início à história, ela vai se estendendo à sua frente, só que nem todo mundo a vê. À medida que você se atreve a continuar caminhando, ela vai se revelando sob a forma de palavras, como se tivesse existido em algum lugar por toda a eternidade, à espera do mago ou da feiticeira que a viesse resgatar.

Assim devem ser outras expressões da comunicação humana que, levadas a extremos de sensibilidade e habilidade, formam nossas possibilidades artísticas. Para alguns estudiosos, o fluxo de ideias e atitudes criadoras repete a genialidade da natureza: a obra resulta de uma combinação do conhecimento implícito, também chamado de talento, com a disciplina que agrega novos conhecimentos explícitos.

A sensação de insegurança que surge sempre que você tem de começar um texto é a mesma que ataca qualquer ser humano diante de desafios e mudanças. O pensador Michael Lissack, pesquisador das organizações humanas, observa que "os sistemas vivos operam em seu nível mais robusto e eficiente no estreito espaço entre a estabilidade e a desordem, no limite do caos". Outro estudioso da criatividade, o professor da Universidade da Califórnia cujo nome,

Mihaly Czikszentmihalyi, é quase impronunciável em português, aborda a questão da instabilidade no processo criativo sob o ângulo da entrega: "O momento mágico da criatividade equivale a um estado de fluxo tal de ideias que a pessoa ao mesmo tempo se concentra no que está criando, se desliga do exterior e pode temporariamente esquecer até mesmo sua identidade".

A sensação de insegurança diante de uma tarefa que exige criatividade pode ser superada ou reduzida simplesmente com o hábito de se fazer perguntas. A grande maioria das soluções tecnológicas que permitiram o desenvolvimento da Internet surgiu de equações propostas entre si pelos membros das equipes de criação. Esse hábito certamente é uma das razões que fizeram com que muitos dos tecnólogos criadores da Internet se tornassem também pessoas capazes de pensar filosoficamente o ambiente virtual, ao contrário dos criadores de tecnologia em períodos históricos anteriores, que cuidavam apenas de responder às questões elaboradas pelas indústrias.

Fazer perguntas a si mesmo é o segredo confessado, por exemplo, por Robert Dennard, inventor do sistema RAM (de Random Access Memory), a memória flexível que possibilitou o desenvolvimento dos microcomputadores pessoais. "Boas ideias nascem de perguntas e a inovação vem da crença de que tudo pode ser melhorado. Quando você faz uma pergunta, outra pergunta se segue, e outra e mais outra, e gente como eu se sente obrigada a buscar respostas. Se você procurou se qualificar, a resposta sempre vem", declara Dennard.

CONVIDE AS IDEIAS

Não é à toa que o período de maior desenvolvimento em nossas vidas ocorre naquela fase em que enchemos o saco de nossos pais com milhões de perguntas. "Por que o mar é salgado? Por que o gato se arrepia quando esguicho água nele? Por que minha irmãzinha fica cor-de-rosa e depois roxinha quando aperto o pescoço dela?" Quando mantemos o hábito de fazer perguntas para nós mesmos, estamos convidando novas ideias a ingressar em nossa mente, estamos limpando o terreno ocupado pela autocensura, fazendo de conta que não sabemos o suficiente e abrindo espaço para um olhar diferente sobre a realidade.

A criatividade também tem outro aspecto: ela nasce dos nossos mais primitivos desejos de brincar. Muita gente diz que quando ficamos velhos perdemos a vontade de brincar ou esquecemos como se brinca. Indivíduos extremamente criativos, como Albert Einstein, permanecem ativos na inovação até o último momento porque se negam a aceitar essa premissa. Os adultos se relacionam com uma infinidade de brinquedos no seu dia a dia, desde os computadores até seus carros, sem contar os projetos profissionais mais complexos e os desafios de todos os tipos que constantemente inspiram jogos de palavras e se tornam brincadeiras literais. Portanto, quem quer desenvolver a sua própria criatividade precisa estar aberto a ver a realidade de um ponto de vista sempre bem-humorado, como num jogo infantil.

Você já notou como tudo se torna diferente quando resolvemos brincar? Um dos mais prestigiados educadores de executivos e gente de negócios na Europa, o ator Philippe Gaulier, consegue despertar a criatividade de empresários, políticos e dirigentes de organizações importantes simplesmente ensinando-os a rir de si mesmos e a brincar como crianças. Seu centro de treinamento, no norte de Londres, é disputadíssimo e tudo se baseia em simples jogos desses que aprendemos na infância. A dança das cadeiras, por exemplo, se transforma em lição sobre a liderança: quem vence o jogo e fica com a cadeira tem de carregá-la por toda parte, submetendo-se à gozação dos parceiros. A pessoa aprende de uma forma bem-humorada que junto com a liderança vem uma série de fardos e é estimulada a buscar formas criativas de dividir as responsabilidades.

Gaulier é mestre na criação de metáforas, uma das maneiras mais interessantes de interpretar a realidade e estimular o surgimento de ideias inovadoras. Ele ensina adultos a perceber que quando uma criança se envolve num jogo, ela sempre está disposta a usar o melhor instrumental que possui e não se coloca limites quanto ao envolvimento corporal com a brincadeira. Não é difícil fazer uma ligação com nossa tendência ao derrotismo sempre que aparece uma tarefa que exige criatividade. Em geral, Gaulier promove situações em que normalmente os adultos se recusam a entrar por medo de se colocar em circunstância ridícula.

Essa mesma atitude pode ser percebida na hora de escrever, e se torna evidente quando o autor ou autora tenta utilizar uma linguagem que não é natural, produzindo textos empolados, artificiais, desconexos e incompreensíveis. Você já notou quando um grupo de pessoas está batendo papo informal e de repente chega um pesquisador ou jornalista e pede licença para fazer algumas perguntas? O que acontece, geralmente, é que a pessoa abordada muda imediatamente o discurso, dá um pigarro e começa a falar como se estivesse num palanque. Trata-se de uma armadilha mortal para a qualidade da comunicação, porque a pessoa não está adotando uma atitude natural.

O escritor brasileiro Eduardo Alves da Costa, autor de romances, poesias, contos e peça de teatro, é capaz de ambientar suas histórias numa grande cidade brasileira, numa aldeia do

Japão medieval, numa galáxia distante ou num acampamento de beduínos simplesmente fechando os olhos ou ouvindo música. De tanto criar imagens para alimentar seus textos, ele também se tornou um pintor respeitado. Seu segredo: está sempre rindo de tudo, principalmente de si mesmo. Um de seus livros, *Memórias de um assoviador*, é um sucesso, principalmente entre leitores jovens, por causa, entre outras coisas, de sua habilidade em tratar com humor aqueles momentos da adolescência que mais nos causam angústia.

Eduardo Alves da Costa é autor de um poema que já foi traduzido em muitos países e que tem sido creditado a outros autores, como o argentino Jorge Luis Borges, o austríaco Wilhelm Reich e o russo Vladimir Maiakóvski, neste caso por causa do título: o poema se intitula "No Caminho, com Maiakóvski". O trecho mais conhecido, que a gente vê em cartazes de escritórios e escolas, diz assim:

Tu sabes,
conheces melhor do que eu
a velha história.
Na primeira noite eles se aproximam
e roubam uma flor do nosso jardim.
E não dizemos nada.
Na segunda noite, já não se escondem:
pisam as flores
matam nosso cão,
e não dizemos nada.
Até que um dia,
o mais frágil deles
entra sozinho em nossa casa,
rouba-nos a luz, e,
conhecendo nosso medo,
arranca-nos a voz da garganta.
E já não podemos dizer nada.

Para transitar assim, de um poema denso e carregado de um profundo significado político, para um conto delicado sobre a formação de um samurai ou um romance bem-humorado sobre as desventuras de um adolescente, o autor precisa ter maestria na arte da empatia, ou seja, a capacidade de viver as emoções de outra pessoa. Essa é uma habilidade que se pode aprender. Bem, falando em samurai e lembrando que o corpo também tem seus limites, eu vou fazer um pouco de alongamento. Você pode dar um tempo ou ir comer um biscoito.

ONDE MORA A IMAGINAÇÃO

Nossos melhores momentos, os mais criativos, são também os momentos mais felizes. Nós sabemos criá-los, sabemos fazer com que durem bastante, sabemos como partilhar esses momentos. No entanto, pelo fato de vivermos uma vida fragmentada, em geral nós aceitamos esses momentos somente em algumas circunstâncias muito raras, especialmente reservadas. Na maior parte do nosso tempo, estamos ocupados demais para ser criativos.

Na escola, por exemplo, onde a imaginação e a criatividade deveriam estar sempre à tona, quase sempre a energia é destinada ao treinamento da memória. Albert Einstein disse certa vez que a imaginação é mais importante que o conhecimento e observou, quando ainda era criança, que o objetivo dos professores era fazer com que os estudantes se tornassem iguais a eles, pela imitação. Um século depois, pouca coisa mudou. Exceto para alguns privilegiados, a escola ainda é um lugar para decorar fatos, fórmulas, datas e nomes.

Na maioria das empresas e instituições públicas as normas e a rotina também desfavorecem a iniciativa criadora. Em geral, o que se prioriza é a definição de métodos e processos sobre os quais o trabalho possa se fazer de uma forma contínua, para que os custos sejam sempre os mais baixos possíveis. A inovação é vista quase sempre como uma ameaça à rotina que está dando certo e as oportunidades para mudanças de paradigmas quase sempre são perdidas. Quando surge a necessidade da invenção, a corporação se mostra apática e desestimulada.

A imaginação é quase sempre deixada para os momentos de entretenimento. Por isso, nos habituamos à ideia de que esse estado de espírito não é compatível com atividades "sérias" como estudar ou trabalhar. Ou seja, deixamos de fora nossa melhor ferramenta justamente quando precisamos de comprometimento, eficiência, bem-estar e produtividade. Se alguém perguntar ao diretor de uma escola ou ao gestor de uma empresa se ele gostaria que seus alunos ou funcionários trabalhassem em condições de alegria e bem-estar, eles formalmente responderiam que sim, mas são raros os que veem a relação entre esse estado e um ambiente que estimule a criatividade e a imaginação.

Um ambiente de estudos ou de trabalho onde a criatividade é estimulada vai parecer menos ordenado, mais caótico, e isso em geral assusta as pessoas muito preocupadas com organização. O que poucos percebem é que um ambiente pode parecer caótico e no entanto estar absolutamente ordenado no seu funcionamento. Uma das ideias que mais tem impactado o estudo das organizações humanas, a teoria das complexidades, baseia-se na constatação de que as transformações mais profundas ocorrem num limite extremo do mundo ordenado, ou seja, na borda do caos.

Todo o ciclo da vida humana é marcado por pontos críticos nos quais o controle externo se torna impossível. São pontos de estresse, que às vezes estão associados a mudanças no *status* social ou simplesmente são provocados pelo próprio desenvolvimento biológico. O período de crescimento na adolescência, por exemplo, que alguns chamam de "estirão", é um momento de transformações tão radicais no organismo que dificilmente poderíamos estabelecer qualquer espécie de padrão. Ainda por cima, a pessoa se descobre na iminência de assumir um papel social diferente do que cumpria alegremente na infância e as exigências de eficiência em todos os sentidos se tornam mais rigorosas.

A situação de instabilidade se repete no fim de cada etapa de estudos, na hora de ingressar no mercado de trabalho, e assim até o fim da vida. Em cada uma dessas transições, é como se a própria natureza estivesse nos obrigando a um processo de desintegração. Além disso, existe ainda a possibilidade de muitos pontos críticos não previsíveis, mudanças súbitas e radicais que exigem estratégias inovadoras e novos modos de encarar a existência. Essas ocasiões podem ser vividas de maneira conturbada e com muito sofrimento, por causa do conflito entre a força que opera para manter as coisas exatamente como têm sido e a outra força, geralmente irresistível, que impõe a mudança. Mas também é possível passar por essas transições suavemente.

Como era este lado do mundo até quase o final do século xx? As famílias eram mais sólidas, as instituições eram mais protetoras, os valores eram mais claros, os empregos estáveis e as carreiras profissionais mais longas. Num cenário assim, as pessoas mais conservadoras e menos flexíveis podiam viver sem sustos, porque as fases de transição eram mais previsíveis. De repente, os laços familiares se tornaram mais frágeis, todas as instituições estão em crise e parecem vulneráveis, os valores são mais fluidos e quase não há estabilidade nos empregos ou garantia de carreira profissional. Neste cenário, uma qualidade fundamental será a capacidade de adaptação, ou seja, uma atitude de firmeza flexível alimentada pela criatividade.

Dependendo do tipo de educação que tivemos, ou da nossa habilidade para perceber as nuanças do mundo em volta, a tarefa de buscar uma abordagem mais flexível e criativa para a vida pode parecer impossível de realizar. Não é à toa que, nas mais variadas culturas, os mitos vinculados à reinvenção da natureza humana são os mesmos que se referem à criação do mundo. Mas sabe-se que as pessoas são naturalmente criativas porque a natureza é criativa.

Um primeiro passo bastante útil é criar um espaço para fazer brotar a criatividade. Se você fecha sua agenda apenas com tarefas e urgências, dificilmente estará dando à sua mente a oportunidade de ousar um pensamento não convencional. Uma boa maneira de abrir esse espaço é criar um distúrbio na sua própria organização ou na sua rotina, gerando a necessidade de buscar uma solução fora dos padrões habituais.

Lembre-se das transições que a vida impõe de vez em quando e você vai observar que nossa angústia é maior quando resistimos inflexivelmente às mudanças. Essa resistência e a angústia que ela provoca se revelam mais intensas quando somos obrigados a encarar um novo conceito ou definição sobre o que somos e sobre a visão do mundo no qual vivemos. Nesse ponto de mutação, é muito comum que as pessoas usem como metáfora a afirmação de que "o mundo caiu". É que, de fato, há uma ruptura, como se o chão desaparecesse, e o Caos se instala.

Agora, pense comigo: quantas vezes na vida passamos por isso e depois de um tempo nem nos lembramos? Isso porque o ser humano é um sistema auto-organizável, como tudo que existe na natureza e o nosso pensamento é como aquele programa que altera a configuração do computador. Se as mudanças sempre se impõem quase como uma decorrência natural da existência, é melhor esperar ser empurrado ou assumir a gestão da mudança?

Abrir-se para uma atitude criativa, habituar-se a exercer a imaginação "profissionalmente", como parte da rotina, é a melhor maneira de se antecipar às mudanças e desenvolver aquela firmeza flexível necessária aos nossos tempos. Acredite: todo mundo pode ser criativo. A criatividade não precisa ser um estado permanente. Ninguém espera que você esteja sempre em alerta para escrever um texto brilhante ou oferecer a solução genial para todo problema que aparecer. Mas todo mundo pode desenvolver um estado de prontidão para a criatividade.

A COMUNICAÇÃO *MURI*

Se ninguém escapa dos vínculos cósmicos, como dissemos lá atrás, ou seja, se você não existe desvinculado de tudo o que vive ao seu redor, também é verdade que nossa história pessoal sempre vai definir o estilo e o grau de dificuldades que iremos encontrar no desenvolvimento da nossa criatividade e da nossa capacidade de comunicação. Há uma crença generalizada segundo a qual os ambientes sociais heterogêneos favorecem essas habilidades pelo fato de as pessoas serem mais frequentemente colocadas diante de situações variadas e surpreendentes. Além disso, uma diversidade de ritmos, cores, sabores, hábitos e outros valores de expressão social na certa estimula visões de mundo mais tolerantes e criativas e menos conservadoras.

O fenômeno da globalização pode ser visto, portanto, como um fator favorável ao desenvolvimento de perspectivas otimistas quanto à capacidade dos povos de buscar soluções criativas para seus problemas, pelo simples fato de que a diversidade humana exibida nos meios de comunicação favorece a aceitação das muitas diferenças culturais. Muitos brasileiros que viram a cara de um bósnio pela primeira vez no noticiário sobre a guerra nos Bálcãs se surpreenderam ao constatar que aquele era um rosto familiar.

Se você já vive num ambiente enriquecido pela variedade, procure tirar proveito disso evitando se fechar em seu próprio modelo e aprendendo a conhecer e respeitar os "outros". Se você tem contato, mesmo que só pela televisão e pela Internet, com pessoas de culturas diferentes, ponha sua curiosidade para agir e tente absorver a riqueza em volta. Desse bazar humano você vai poder tirar um monte de estímulos na hora de escrever.

Eu tive o privilégio de nascer numa colônia japonesa e aprendi muito com pessoas que tinham hábitos completamente diferentes dos da minha família. Houve uma época em que os alunos que tiravam boas notas em Língua Portuguesa eram convocados a ajudar estudantes recém-chegados do Japão e eu fui um desses monitores. Além de me divertir um bocado, aprendi novas maneiras de me relacionar com meu próprio idioma e isso com certeza me ajudou a buscar formas criativas de me expressar.

Além disso, minha mãe fora educada numa escola japonesa desde muito pequena, e, além de ser um alvo sempre bem-humorado para as gozações dos filhos, por causa do sotaque que carregou por toda a vida, ela soube nos interessar por histórias, lendas e canções tradicionais do Japão. Mas o que sempre me deixou impressionado foi a verdadeira adoração que ela e outros antigos alunos da escola japonesa demonstravam pelos professores.

Um deles em especial, Ubina *Sensei*, o mestre Ubina, era um desses gurus que pouca gente tem a sorte de encontrar na vida. Além de completamente devotado ao ofício de ensinar, ele era um artista da caligrafia a nanquim. Foi dele, através de histórias contadas por minha mãe, que aprendi o conceito da comunicação *muri*, que é como passei a chamar toda expressão antinatural ou sem profundidade.

Chega a ser engraçado, de tão simples. Quando pegava a pena ou o pincel para desenhar os ideogramas, mestre Ubina fazia movimentos circulares com a mão, girando o pulso até encontrar a posição mais natural possível. Só assim, acreditava, ele poderia realizar o trabalho da melhor maneira possível. *Muri*, conforme pude entender, era tudo aquilo que fosse forçado, insensato, fora da sua natureza. Como pegar o instrumento de um jeito desleixado, ou forçar demais a mão sobre o papel-arroz.

Muito tempo depois da minha infância, quando trabalhava no romance que ganhou o título *As razões do lobo*, percebi que alguns capítulos soavam pretensiosos ou um pouco superficiais e me lembrei do professor da minha mãe. Concluí que havia forçado a mão na explicação de certos trechos e que aquilo resultava num texto *muri*. Simplesmente cortei da versão final quase quarenta páginas e o resultado me pareceu mais satisfatório. Depois, quando dava uns retoques em *Satie*, notei que umas pinceladas a mais ajudariam a criar um determinado clima que a história oferecia.

Hoje essa expressão pode nos ajudar a identificar os defeitos de uma composição que esteja fora do seu natural, por exemplo, quando a gente usa expressões inadequadas ou começa a dar muitas voltas em vez de ir direto ao tema. Uma comunicação *muri* é sempre uma forçada de mão, um jeito mais complicado de contar uma história ou de fazer um relatório. Quer exemplos? Pegue uma peça típica da área jurídica, seja o inquérito policial, o texto da acusação ou as alegações do advogado de defesa. Ou dê uma boa olhada num desses relatórios de consultorias de empresas.

O conceito *muri* provavelmente está relacionado a princípios de filosofia oriental, uma vez que a arte japonesa da caligrafia é uma daquelas manifestações da escrita sagrada sobre a qual nós conversamos num dos primeiros capítulos, quando falávamos de Gilgamesh e suas pranchetas de barro. Nós podemos usá-lo para reforçar aquela constatação de que o melhor texto é o mais próximo da verdade de quem o escreveu, mas também podemos estender seu significado à própria intenção da escrita: se não houver autenticidade naquilo que está sendo comunicado, a própria linguagem vai denunciar a falsidade da intenção.

Em geral, quando o autor de um texto exagera na linguagem, tentando usar um "vocabulário de domingo", o próprio conteúdo acaba sendo contaminado pela superficialidade e todo o trabalho se perde. A gente pode desenvolver a aptidão para o uso de uma linguagem adequada imaginando que o texto está sendo escrito para ser lido num programa de rádio. A transferência, para "locutores" imaginários, da tarefa de contar a história, pode ajudar a reconhecer se o texto se desviou do seu curso natural e caiu na armadilha do exagero.

Antes que você comece a babar de vontade de comer sushi, pense um pouco nisso. Essa teatralização do texto é a base de uma técnica de redação que vou propor mais adiante. Portanto, vá se acostumando com a ideia de partilhar sua grande obra com alguém, mesmo que seja um ou dois locutores imaginários. Além disso, vamos usar o recurso da caricatura para tirar um pouco do peso da seriedade que torna penoso para muita gente o ato de escrever. Ler o texto em voz alta, exagerando na caracterização de personagens ou de eventos, ajuda a aliviar essa responsabilidade do texto.

Não se levar exageradamente a sério é um bom caminho para fugir da armadilha da comunicação *muri*. Mas até mesmo quando vão recomendar o humor como ferramenta para o desenvolvimento da criatividade, alguns autores esquecem a própria lição. Os psicólogos chamam o ato de brincar, por exemplo, de "dissonância cognitiva", ou seja, a brincadeira é a nossa habilidade de funcionar ao mesmo tempo em mais de um nível de pensamento e jogar com ideias aparentemente contraditórias sem nos preocupar com noções de coerência ou com o senso crítico.

O humor, outra forma de gerar pensamentos criativos e liberar a imaginação, também nos protege da tendência de sair da naturalidade ao escrever. Quando usamos o humor para conseguir um distanciamento de um problema, geralmente começamos com a aceitação de uma hipótese absurda, que nos leva a novos padrões de pensamento. Isso provoca uma sucessão de mudanças radicais na nossa percepção da realidade, fazendo com que nossa mente responda com rapidez a novas circunstâncias, por mais absurdas que pudessem parecer em outra situação.

Quer experimentar? Na próxima vez que encontrar aquele amigo piadista, memorize algumas de suas histórias. Depois, tente contar uma delas usando os "locutores", mas acrescente alguns dados de realidade, como lugares onde você já esteve, nomes de pessoas que você conhece, datas e outros detalhes. Fica melhor se você se incluir na história, contando-a como se você fosse um dos personagens. Fica excelente se você pegar um fato real, conhecido por muitos de seus amigos, e escrever sobre ele como se fosse uma piada inventada por alguém.

Certa vez, apliquei esse exercício numa aula para estudantes de jornalismo. A história, que alguém me havia contado como sendo verdadeira, era sobre um inquilino que ia se mudar para o apartamento recém-comprado e se viu obrigado pelo proprietário da casa que alugava a entregá-la toda pintada. Mesmo ponderando que estava entregando o imóvel em ótimo estado, ouviu que seria processado se não arcasse com o custo da pintura, pois a exigência estava no contrato. Sem saída, mas disposto a se vingar, o inquilino mandou pintar toda a casa, até mesmo as vidraças. De preto.

As versões que os estudantes produziram me surpreenderam pela variedade e criatividade, mas fiquei ainda mais impressionado quando pedi que lessem algumas das redações: escritos sob a forma de diálogo entre os "locutores", aqueles textos soavam como pequenas peças de comédia. Apareceram detalhes absurdos e muito mais engraçados do que a versão original e um dos estudantes resolveu incluir a história entre os episódios da peça que o grupo de teatro da escola estava ensaiando.

Mas não é apenas na comédia que cabe o humor. Com a devida sutileza, até mesmo num relatório ou na descrição de um projeto empresarial cabe a dose certa de espirituosidade. Para chegar a essa sofisticação, o primeiro passo é dessacralizar o texto, ou seja, precisamos tirar do texto aquele ranço sagrado e aprender a encarar a tarefa de escrever como uma chance de desenvolver nossa capacidade de ver a realidade com leveza.

A REALIDADE QUE SE CONSTRÓI

A qualificação para escrever bem, ou seja, a habilidade de fazer com que o/a "outro/outra" receba da maneira mais fiel possível suas mensagens escritas, depende, portanto, de alguns pressupostos que qualquer pessoa alfabetizada pode preencher. A técnica dos "locutores", que anunciamos no capítulo anterior, é uma das formas de agregar esses fatores, mas, principalmente, cumpre a função de explicitar, para quem escreve, a interatividade implicada na comunicação escrita.

Um desses pressupostos, bastante óbvio mas nem sempre atendido, é o que define a predisposição para a comunicação como um ato de entrega. Seja espontâneo ou assumido como tarefa, o ato da comunicação escrita só se realiza a contento se o/a autor/autora se entregar a ele, ou seja, se aceitar despojar-se da individualidade em certo grau e assumir a necessidade evidente da partilha de ideias, opiniões e até emoções. A má comunicação quase sempre denuncia uma atitude autista.

Outra premissa que precisa ser assumida por quem se dispõe a escrever é o fato de que todo ato de escrever é um ato cultural e social. Como tal, a comunicação escrita não escapa da fatalidade de ser também uma escolha, ou a soma de variadas escolhas. Portanto, há um jogo de possibilidades nas ideias expressas em cada palavra, vírgula, ponto. Essas possibilidades são sempre escolhas entre a melhor e a pior delas. Quando alguém assume a tarefa de escrever sem atentar para o resultado, está fazendo uma escolha pela pior possibilidade.

É preciso honrar também a natureza da interatividade que ocorre quando você escreve: ao mesmo tempo em que está transmitindo determinado conteúdo, você está se oferecendo a oportunidade de refletir sobre esse conteúdo, ou seja, o aprendizado é mútuo, mesmo que o receptor seja completamente desconhecido. Como sabemos que o conhecimento é adquirido quando se integra ao caráter pessoal do indivíduo, o respeito ao processo de comunicação não se refere apenas ao respeito devido ao receptor da mensagem, mas também, e com igual valor, ao respeito a si mesmo.

O ser consciente não age contra si. O exercício da escrita pode também servir como metáfora para aquele aprendizado sobre si mesmo que chamamos autoconhecimento. Exercitada com essa consciência, a escrita ajuda a reconhecer a realidade objetiva mesmo quando o tema tratado se localiza em pleno oceano da imaginação. O desenvolvimento da consciência que se origina de uma nova atitude ao escrever se manifesta pelas capacidades dinâmicas que você facilmente passa a perceber em tudo o que exigir reflexão. Essas capacidades, diferentes das habilidades duráveis que vêm com a experiência, como as habilidades para o diálogo, para a empatia ou para a narração, são o suporte de conhecimento que permite uma prontidão durável para a criatividade.

Pense nesta frase: "Por baixo de todas as grandes realizações humanas podemos ver os tocos das raízes de racionalidade que foram arrancadas pela ousadia do gênio". Pense nesta outra: "Por baixo de toda expressão de conhecimento podemos ver os tocos das raízes de informações; é que a partir de certo ponto, a soma das informações nada mais acrescenta ao conhecimento". A busca dessa consciência não se completa apenas pela análise sóbria e pela acuidade psicológica. Como nos momentos de ruptura, também no processo de autoconhecimento a intuição será um guia confiável se você tiver o caráter forrado de valores.

Comunicar-se exige predisposição a aceitar a pluralidade e boa vontade diante dos sentimentos alheios. A mesma insegurança que faz grande parte das populações urbanas mudar para bairros isolados e condomínios fechados ou que, dentro das empresas, leva à busca de padrões homogêneos na seleção dos funcionários, se manifesta na evidente dificuldade de comunicação que se verifica atualmente. A tentativa de formar "tribos" ou confrarias tanto nas residências como nos ambientes corporativos cria novas barreiras à boa comunicação, pois indivíduos ou organizações monolíticos tendem a se isolar e a enxergar o exterior como uma ameaça.

Um dos grandes paradoxos da sociedade da informação é a tendência à busca da informação monocultural; em última instância, esse comportamento conduz ao crescente isolamento de organizações, grupos e finalmente dos indivíduos, mesmo com tantas ferramentas tecnológicas à disposição. Organizações, grupos ou indivíduos que têm dificuldade de assimilar o que não é familiar tendem em curto prazo a se tornar refratários à criatividade e à mudança de paradigmas. Afinal, a sensação de que uma "verdade" foi encontrada conforta contra a insegurança do novo.

Quem nunca conviveu com pessoas monotemáticas? Além de ser chatíssimo, a gente pouco aprende com elas e está sempre com a sensação de que o diálogo nunca acontece. Pessoas assim têm dificuldade para aprender fora desse círculo de interesse porque se contentam com a "verdade" que encontraram. Uma atitude receptiva à criatividade exige a aceitação de outra premissa: a de que a verdade pode ser múltipla. Como dizia Einstein, a verdade está na soma das verdades de cada um.

A comunicação eficiente e criativa é crucial para a geração de conhecimento. Pessoas, grupos ou organizações que colocam como objetivo apenas a consolidação do conhecimento ou das premissas que já possuem estão bloqueando uma das mais ricas formas de inovar e criar conhecimento: a capacidade de constatar similaridades onde elas não estão evidentes. O que faz dos poetas seres criativos é justamente essa aptidão de constatar (ou criar, quem sabe?) similaridades onde elas não são perceptíveis (ou não existem). Ao promover essas conexões entre ideias aparentemente desconexas, os poetas, músicos, pintores, humoristas e artistas em geral recriam a realidade sob outro ângulo e revelam ao outro que a vida pode ser muito mais rica e saborosa.

LIÇÃO DE CASA

Pensou que pudesse escapar? Doce ilusão. Aqui também fazemos lição de casa. O exercício que vamos praticar em seguida foi elaborado na década de 1970 e testado muitas vezes, em cursos de Redação para adolescentes em idade escolar e em cursos de recuperação para adultos. Trata-se de uma técnica destinada a treinar as pessoas a superar o isolamento mental na hora de escrever. Seu fundamento principal consiste na criação de um limite visível para a escrita, que nos impõe a necessidade de pensar em outra pessoa como destinatária daquilo que vamos narrar.

Observe a folha cujo modelo se encontra a seguir. Veja que há uma linha vertical e à esquerda dela as inscrições "loc. 1" e "loc. 2" se repetindo em sequência. Trata-se de supostos "locutores" que teriam a função de ler o nosso texto, por exemplo, para um programa de rádio ou televisão. Repare que a área destinada a cada fala de um "locutor" tem cinco linhas.

O exercício é o seguinte: Lembra do *Hino a Zeus*? Pois você vai recontar o mito da criação do Cosmos em folhas como essa, do jeito que você entendeu. Copie o modelo em seu caderno, simplesmente traçando uma linha vertical à esquerda ou usando a linha que já houver, e escrevendo seguidamente "loc. 1" e "loc. 2" a cada cinco linhas. Então, mãos à obra. Não vale simplesmente copiar o texto exibido no capítulo anterior. Se não tiver prestado muita atenção, pode dar uma olhada antes de começar. Você tem que recriar a história usando parágrafos de no máximo cinco linhas. Cada parágrafo precisa ter um sentido completo, porque, lembre-se, na linha seguinte começa a "fala" do outro locutor. Ajuda se você, ao escrever, pensar num desses noticiários de rádio que são feitos por dois ou mais locutores.

Para exibir um limite adicional, vamos determinar que você deve convocar três vezes o "locutor 1" e duas vezes o "locutor 2". Assim, você vai narrar o *Hino a Zeus*, de Píndaro, em cinco parágrafos de cinco linhas cada, ou seja, ao final sua redação deverá ter vinte e cinco linhas. Se preferir, você pode contar a história em vinte linhas e usar a última "fala" do "locutor 1" para acrescentar um comentário ou uma observação.

Loc. 1

Loc. 2

Loc. 1

Loc. 2

Loc. 1

Agora leia com atenção o que você escreveu. Tente imaginar que são dois locutores contando a história. Se estiver com o humor adequado (do que eu duvido), procure fazer uma voz para cada "locutor". Corrija cuidadosamente os pontos onde você sente que alguma coisa não faz sentido. Lembre-se: o texto bom é simples como o vocabulário e a estrutura da linguagem de quem escreveu. Não tente fantasiar sua linguagem com roupa de domingo. Se encontrar alguma palavra que pareça um pouco pedante ou fora de lugar, substitua por outra que faça sentido naturalmente.

Leia outra vez. Quando o texto reflete de modo mais fiel a estrutura de linguagem de que você dispõe normalmente, a história flui com mais naturalidade. Quando, ao escrever, você pensa no pobre leitor (no caso, nossos amigos "locutores"), quebra-se o autismo que normalmente torna o texto difícil de entender. Isso acontece porque, ao determinar a destinação de cada parágrafo a "locutores" externos e ao criar limites claros para o espaço de cada parágrafo e o tamanho do texto integral, você sistematizou a escrita. Ao escrever, sua mente desviou a atenção de outros aspectos limitadores que em outras condições bloqueiam o ato de expressar seu conhecimento. Ao mesmo tempo em que suas letras iam se sucedendo, sua mente realizava operações matemáticas para calcular quanto ainda faltava escrever.

Além disso, ao escrever para "locutores", uma ideia secundária se manteve como pano de fundo do seu processo de criação: a ideia de que a história estava sendo escrita para ser lida, ou seja, você retornou ao padrão de funcionamento mental típico da oralidade primária e anulou aquele grilo falante que eleva as exigências da tarefa de escrever a níveis insuportáveis.

É certo, isso demonstrado por muitos estudiosos de linguagem e cultura, que a palavra escrita mantém um caráter de suprema credibilidade em nossa sociedade, se comparada à palavra manifestada oralmente. Pode-se afirmar o mesmo em relação à palavra transmitida por meio da oralidade secundária (eletrônica): um apresentador de televisão cujo padrão moral está mais para uma sociedade de roedores do que para uma comunidade humana é aceito, admirado e respeitado pelo simples fato de que ele usa um microfone e aparece na televisão. Se ele simplesmente ficasse na Praça da Matriz falando aquelas mesmas besteiras que anuncia na televisão, seria tido, muito justamente, como um idiota.

Essa observação pode ser comprovada de maneira muito simples. Se um grupo de amigos está conversando num parque ou no pátio de uma escola sobre qualquer assunto, basta alguém ligar e exibir um gravador para que o vocabulário mude imediatamente e a naturalidade desapareça da conversação. Quase tanto quanto a palavra escrita, a palavra registrada eletronicamente, mesmo quando em expressão oral, adquire um caráter solene e nos remete imediatamente a um arquivo da nossa memória onde guardamos o que consideramos mais qualificado em termos de repertório.

Agora faça a mesma relação com a palavra escrita. Desde o nível absolutamente informal de um bilhete caseiro até um romance ou uma tese acadêmica, a expressão escrita do conhecimento sempre estabelece graus de exigência crítica muito mais elevados do que suas correspondências na expressão oral. Por essa razão, esta técnica possível de redação, ao induzir à oralidade, reduz as barreiras críticas negativas que dificultam nossa tarefa.

Mas esse efeito ainda pode ser reforçado. Na sequência deste exercício de recondicionamento, você pode ligar um gravador e ler sua redação. De preferência, isto deve ser feito em dupla, ou seja, você lê os parágrafos destinados ao "locutor 1" e outra pessoa lê os textos do "locutor 2". Procure garantir que a leitura seja feita num ritmo adequado, para que, ao ouvir a gravação, qualquer pessoa possa entender a história. Uma sugestão: nos exercícios em que os "locutores" passaram a improvisar expressões, sotaques e tons de voz de personalidades da televisão ou do rádio, a leitura se tornou mais fluente e as qualidades do texto ficaram mais explícitas.

Essas "interpretações" trazem um tom de brincadeira ao aprendizado. Como num jogral, o trecho do locutor seguinte não rompe o raciocínio proposto pelo parágrafo anterior. Isso é um texto linear, com o raciocínio que conduz a história exposto quase em linha reta, começo, meio, fim, causa-consequência, problema-solução, crime-castigo etc. Mas, depois de pronto, você pode dar uma olhada geral no trabalho, como quem estende numa pedra de mármore a massa do pastel, e alterar a estrutura. Você pega um trecho do "locutor 1" e passa para o "locutor 2". Inverta a ordem dos parágrafos, acrescentando as palavras ou frases necessárias ao entendimento ou cortando o que for repetitivo ou que atrapalhe a narração. Você está quebrando a linearidade da composição.

Você pode sofisticar ainda mais seu trabalho. Deixe o texto repousar um tempo, como a massa de pastel, e vá ouvir música. Enquanto a música se desenrola, pense na história que você escreveu. Isso vai treinar sua sensibilidade para um aspecto importante da criatividade: os estímulos não precisam vir da área de conhecimento em que você está especificamente empenhado no momento da criação. Lembra-se do nosso amigo Mané da guitarra? Os estímulos que fizeram brotar nele um ato de percepção vieram de um cartaz, de uma cor, não necessariamente do universo musical. Da mesma forma, o que vai estimular você a produzir um texto criativo não precisa vir de outro texto.

O que é que a música tem de fundamental? O ritmo, certo? O que é que marca mais profundamente um texto, ou qual o aspecto primário de percepção de um texto? O ritmo. Um texto que seja capaz de transmitir a sensação de ritmo prende a atenção de quem está lendo e pode transmitir melhor seu conteúdo. Bom, enquanto você pensa na relação da música que estava ouvindo com a redação que acabou de escrever, eu vou procurar um disco para ouvir e reler as anotações do próximo capítulo.

Prometo não ser muito pesado no próximo capítulo, mas você precisa colaborar. Enquanto eu procuro o trecho que nos interessa, releia o que você escreveu e tente relacionar o ritmo das frases com uma música que você goste de ouvir. Escolha uma música cujo ritmo seja cadenciado conforme seu texto, coloque para tocar e pegue um lápis. Depois, use o lápis e vá quebrando o texto com barras (*blábláblá/biriris/bororós/...*), cortando sempre no ponto que você sentir que coincide, na leitura, com as marcações de ritmo da música. Não importa se alguma barra ficar bem no meio de uma palavra.

Note que a música é uma linguagem completamente diferente daquela que você usa para expressar suas ideias no dia a dia, embora alguns privilegiados consigam passar quase a vida toda cantando a existência e ainda ganham um trocado para isso. Entre a escrita musical e a escrita alfabética, por exemplo, há semelhanças nos pontos em que as duas precisam de um ritmo adequado e de um certo andamento para que alcancem a qualidade necessária à boa comunicação. O ritmo e o andamento definem os sentimentos que uma composição musical pode provocar nos ouvintes e de certa forma essas características também estão presentes na maneira como tentamos transmitir por meio do texto.

Pense em qualquer texto. Prosa, poesia, um relatório de uma reunião ou a descrição de um projeto. Preste atenção ao ritmo e ao andamento, tendo a linguagem musical como referência metafórica. Pensou? Então vamos voltar à sua redação, certo? Está aí o texto que você compôs brilhantemente e depois encheu de barras (.../.../.../...) conforme o ritmo daquela música que de vez em quando faz seu vizinho pensar em se mudar para a Ilha do Bananal. Agora apanhe um dicionário e localize as palavras que em seu texto ficaram atravessadas pelas barras. Tente substituir essas e algumas palavras anteriores por sinônimos e procure fazer coincidir as barras com vírgulas, pontos ou espaços, de modo que a leitura possa ser feita num ritmo o mais parecido possível com o da música que você escolheu.

Quando terminar, ligue novamente o gravador e leia a nova versão da sua composição. Procure dar à leitura um ritmo coerente e observe que as palavras adquirem uma nova sonoridade. Elas mudam de importância no texto de acordo com seu significado, com sua sonoridade natural e também conforme a localização que ganharam na estrutura. Parabéns. Você está repetindo rituais de criação usados por Horácio, Virgílio e Cícero, escritores clássicos que ajudaram a definir o modo ocidental de pensar e aprender.

CONTAR OU FAZER DE CONTA

Na maioria dos casos, a objetividade é considerada uma grande qualidade do texto. O diabo é que muitas vezes não conseguimos enxergar essa virtude num texto absolutamente direto e objetivo. Por exemplo, o romance *Grande sertão: veredas*, de João Guimarães Rosa, é a reprodução de uma história contada por um ex-jagunço, na linguagem do narrador, sem qualquer concessão por parte do escritor. Daí resulta um texto totalmente "oralizado" que muitos consideram subjetivo por causa da dificuldade de o leitor penetrar no universo cultural muito particular do narrador.

Pense nisso quando tiver que escrever um texto que não seja poético. Um relatório, uma dissertação ou mesmo uma narração exigem certos paradigmas para se obter a desejada objetividade. Um bom primeiro passo é reconhecer e respeitar o universo cultural apropriado para desenvolver a história. Observar o ambiente e as personagens, apreender os dados que deverão ser registrados, manter a precisão quando for necessário fazer referência a números e estatísticas ou a localização geográfica ou datas são alguns cuidados necessários para se obter essa qualidade.

O texto descritivo está presente em praticamente todo tipo de trabalho escrito, desde a poesia até o mais árido relatório de negócio. Sua função é transmitir informações que permitam ao leitor formar uma imagem mental, a mais próxima possível, do objeto, lugar ou entidade que se deseja revelar. Trata-se de uma forma escrita do retrato e, por isso, a objetividade neste caso é uma qualidade crucial.

Quase sempre, a boa descrição parte do genérico para o detalhe, da visão aérea para o cara a cara. Portanto, o primeiro olhar deve ser o mais amplo, abrangendo o todo daquilo que vai ser descrito. Dê uma olhada em volta. Observe a cor predominante no ambiente. Tente medir o espaço: quantos metros de largura, de altura, qual a extensão? O ambiente tem um cheiro marcante? Tem cheiros variados, é fresco ou abafado? Se você jogasse uma pena para cima, ela flutuaria em alguma brisa? Veja: você pode ser objetivo até mesmo quando faz uma suposição.

Da visão de satélite baixamos para o ambiente visto do solo, mas lembre-se de que, como narrador/narradora, você escolhe o ponto de vista e pode até mesmo mudar a direção do seu olhar. Só tome cuidado para avisar quem for ler que você deixou de descrever aquele chato ali do lado para falar do papagaio no poleiro. Para a descrição, escolha adjetivos precisos, porque você precisa assumir a autoria das suas observações. Ao chegar aos detalhes, trate de colocar uma ordem, selecionando as informações por sua natureza e gênero, a fim de que o leitor possa compor uma visão pelo menos próxima daquilo que originou sua descrição.

Pense na imaginação do leitor sendo guiada por uma câmara de vídeo e vá descrevendo o que for mais importante dentro do campo de visão. Nos detalhes, procure equilibrar os objetos ou seres descritos, dando a eles os pesos proporcionais que deverão ter no fim da composição. Isso vale até mesmo para um simples relatório, no qual não entra a opinião de quem escreve. Assim, um armazém vai ser descrito a partir de uma visão geral, pelas medidas ou pela cor e aspecto das paredes, pelo tipo de telhado, depois as divisões ou os materiais e objetos, dos maiores para os menores, com sua localização, cor etc.

Você também pode fazer ao contrário, começando de um detalhe minúsculo, por exemplo um grão de pó sobre uma folha de jornal no chão do armazém, e daí progressivamente para a visão geral da folha, o texto que ela contém, depois a superfície, o chão, as paredes e finalmente o armazém. Se quiser colocar um elemento-surpresa, você pode fazer com que o texto na folha de jornal se refira ao próprio armazém, mas aí já é outra história. O importante é conduzir o olhar e as sensações do leitor como quem guia um turista para um passeio pelo conteúdo do texto.

No caso da narração, quando ao ambiente se acrescenta a informação sobre acontecimentos, o tempo adquire uma função central e às vezes até mais importante do que os objetos ou seres. Ainda assim, ao narrar um fato ou uma história, você não vai escapar de fazer descrições, pois a boa definição dos locais e personagens ajuda na compreensão. Aqui deve ser acrescentada à composição o enredo, ou seja, a estrutura onde encaixamos as partes do acontecimento ou os vários acontecimentos que vamos narrar. O bom enredo exige um foco, que deve sempre remeter ao acontecimento que justifica a narrativa, aquilo que de mais importante existe para ser contado.

A narração pode ser feita diretamente, na primeira pessoa, ou por meio de um intermediário, na terceira pessoa. O discurso pode ser direto, com a representação das falas de personagens pela composição de diálogos, com ou sem aspas. Ou pode ser indireto, quando o narrador transmite e narra os pensamentos e as falas de personagens. Também pode se dar com o narrador se colocando como personagem, e o discurso passa a ser um misto de diálogo e narração. Detalhe mais ou menos mortal: seja coerente quanto ao tempo dos verbos, senão um personagem acaba ressuscitando no meio da história sem que você tenha planejado, ou algum episódio acaba acontecendo num prédio que você havia demolido no começo da história.

No caso da dissertação, que usamos para expor, discutir ou interpretar ideias, colocando sempre um ponto de vista a ser demonstrado, a descrição e a narração se encontram em estado muito objetivo porque se busca o convencimento do leitor. Quanto mais diretas forem as exposições, mais claro ficará o pensamento que se quer partilhar e mais completa será a demonstração da ideia central. Para uma boa dissertação, portanto, o que define a qualidade do trabalho é a etapa anterior, de coleta dos dados que vão fundamentar todo o texto. Eles serão a fonte dos argumentos que irão ampliar a ideia central por meio de comparações e exemplos, numa *onda* de ideias secundárias com as quais o seu texto deverá sustentar a tese principal até a conclusão.

Um bom exercício que você pode fazer agora é escolher um trecho de um livro ou de um relatório e alterar os dados objetivos de descrição. Mude as cores, tamanhos e quantidades, tomando o cuidado de manter as proporções entre objetos e ambientes. No caso de uma narração, você pode começar mudando a época dos fatos, adaptando em seguida o ambiente, os objetos e personagens e depois acrescentando elementos que não existiam no original. Use sempre a lauda com os espaços destinados aos "locutores", organizadamente, e reescreva toda a história, em vinte linhas, sendo cinco linhas para cada "fala" ou parágrafo, duas "falas" para cada "locutor".

Em seguida, leia o que escreveu, anotando os dados numa folha à parte, aleatoriamente, sem preocupação com a forma, como quando você anota rapidamente um recado telefônico. Note que você dispersou as ideias pelo papel, em frases curtas e palavras soltas que, juntadas e alinhadas, certamente não farão muito sentido ou, pelo menos, não estarão reproduzindo completamente aquilo que era o texto original. Isso acontece porque você escreveu como pensa e, ao fazer as anotações, "esqueceu" de escrever aquilo que sua mente havia registrado. Era como se sua mente estivesse dizendo: "Ei, esses pronomes e verbos já gravei; escreva só o que for essencial".

Na verdade, ao fazer essas anotações rápidas sobre os vários elementos da história que já estava escrita, você não estava contando a história novamente. Você estava "fazendo de conta" que contava. As palavras soltas e frases incompletas eram apenas referências para uma futura reconstrução da história. Essa técnica de anotação, chamada comumente de "mapeamento da mente", é o que se pode qualificar como uma "escrita do pensamento", ou uma escrita complementar da memória.

Esse mapa mental se faz anotando no centro da folha o tema principal, dentro de uma nuvem, quadrado ou círculo. Depois, vai desenhando outras figuras nos lados, abaixo ou acima desse ponto central, escrevendo dentro delas outros dados relativos ou derivados ao assunto, preenchendo o espaço conforme as informações aparecerem na sua cabeça. Setas e traços indicam o caminho das ideias.

O matemático canadense Tony Buzan, que também é psicólogo e diplomado em Ciências Gerais, é o criador desse sistema de aprendizagem não linear, que apresentou nos livros *Use os dois lados do cérebro* e *O livro do mapa mental*. Baseando-se no nosso sistema de associação de ideias, ele propõe uma mudança radical no modo como lidamos com o conhecimento. Buzan lembra que o mapeamento da mente passa longe da estrutura linear que aprendemos na escola. O "mapa mental" permite que a gente substitua a estrutura linear de conteúdos da "gramática da história" por "matrizes de ideias" que surgem espontaneamente por meio de associações quando nos colocamos a tarefa de registrar as informações para nossa própria memória. Estamos comprometendo nossa memória com a tarefa de contar a história e dando a ela um suporte que ela irá reconhecer.

Quando você for reescrever a história (usando a técnica de dividir as frases entre os dois "locutores"), a leitura das anotações aparentemente desconexas formadas pelo mapeamento da mente vai estimular sua memória e estabelecer uma conexão muito mais natural entre o processo de pensamento (como *movimento de vir a ser*) e a ação de escrever. O ato mecânico de escrever deverá, então, ocorrer de maneira menos penosa e mais prazerosa, uma vez que você estará respeitando o processo criativo natural do pensamento, sem causar uma ruptura entre a realidade pensada e a nova realidade que você estará criando ao registrar a história.

Stephen Nachmanovitch é um poeta que se consagrou como violinista e compositor. Também é professor e trabalha com computação gráfica. Estudou Psicologia e Literatura em Harvard e escreveu o livro intitulado *Ser criativo*, no qual analisa o fluxo da energia criativa e faz uma distinção muito clara entre duas formas básicas de raciocínio. Uma delas pode produzir trabalhos corretos em muitos campos de conhecimento. A outra rompe os paradigmas em qualquer campo de conhecimento por significar, ao mesmo tempo, ato e invenção.

Pense em alguns conceitos de Nachmanovitch: "O raciocínio lógico se desenrola passo a passo e as conclusões de um passo podem derrubar as conclusões de um passo anterior, daí a ocorrência daqueles momentos em que pensamos, pensamos e não conseguimos tomar uma decisão. O raciocínio lógico se baseia em informações das quais temos consciência, que é apenas uma amostra parcial de nosso conhecimento total. O pensamento intuitivo, por outro lado, se baseia em tudo o que sabemos e tudo o que somos. Num único momento, ocorre a convergência de uma rica variedade de fontes e direções, daí a sensação de absoluta certeza que geralmente acompanha o pensamento intuitivo."

Nachmanovitch também se refere às filhas de Zeus e afirma que "a musa é a voz viva da intuição". Ele faz uma distinção clara entre o pensamento e o sentimento, presentes no momento de criar, lembrando que o sentimento, assim como o pensamento, tem uma estrutura própria. "Existem níveis de pensamento e níveis de sentimento e algo mais profundo do que ambos, algo que é pensamento e sentimento e nenhum dos dois": a intuição.

Carl Gustav Jung, um dos fundadores da Psicologia Analítica, observou que "a criação não é conquista do intelecto, mas do instinto de prazer agindo por uma necessidade interior. A mente criativa brinca com os objetos que ama". Nisso ele concorda com seu mestre, o fundador da Psicanálise, Sigmund Freud, que considerava a arte (obra do pensamento intuitivo) a reconciliação do princípio de prazer com o princípio de realidade. "Todos os atos criativos são formas de divertimento, o ponto de partida da criatividade no ciclo de desenvolvimento humano e uma das funções vitais básicas", conclui Stephen Nachmanovitch.

Se usar somente o raciocínio lógico para contar uma história, você estará apenas fazendo de conta que conta, pois apenas uma parte mínima de sua capacidade de expressão, aquela que permite a você organizar de forma racional os signos, estará sendo aplicada. Se você for capaz de libertar seu raciocínio e deixar que a intuição brote no ato de se expressar, você estará realmente contando uma história. Você estará se permitindo mesclar a estrutura do pensamento com a estrutura do sentimento. A descoberta de que é possível ir além daquilo que você sempre considerou ser seu limite vai produzir aquela sensação a que Freud, Jung e Nachmanovitch se referem quando falam de prazer.

ENXERGANDO O "OUTRO"/A "OUTRA"

Mas voltemos ao trabalho. Coisa leve: pegue o jornal de hoje, escolha uma reportagem e tente descobrir os vários estilos presentes no texto jornalístico. Veja se o texto contém descrições, sublinhe e identifique esses trechos. Depois, tente localizar os trechos narrativos e marque também. Em seguida, veja se o autor defende um ponto de vista específico, se está expondo, discutindo ou defendendo uma ideia e destaque essa parte dissertativa.

Quando sobrar mais um tempinho, separe esses trechos da reportagem por gênero e recrie o conteúdo, usando a nossa lauda especial para locutores. Faça uma descrição com as informações tiradas do jornal, usando pelo menos uma "fala" para cada locutor, cada uma com cinco linhas. Repita o exercício com os trechos que contêm narrações, estendendo pelo número de "falas" que você achar mais conveniente. Use aspas para colocar as citações de personagens. Por fim, faça o mesmo com a dissertação ou as dissertações que encontrar.

Na próxima vez que for ler um jornal ou revista, procure treinar a identificação de cada gênero. Mesmo sem anotar, tente enxergar, durante a leitura, onde a descrição interrompe a narração, onde a opinião interfere na descrição, onde os gêneros podem estar se intercalando. Talvez você se surpreenda com a sensação de que alguém estava tentando empurrar uma certa interpretação dos acontecimentos no meio de uma descrição supostamente objetiva. Você está aprendendo a manter o senso crítico e equipando sua memória com técnicas que podem ser úteis no momento de separar suas narrativas de suas descrições e diante da necessidade de oferecer sua opinião num texto.

Outra lição de casa, para fazer no tempo que você achar necessário, consiste em escrever um projeto. Trata-se de um texto para ser desenvolvido também na lauda dos "locutores", só que desta vez você pode alterar o número de linhas de cada "locutor", de um mínimo de três a um máximo de seis linhas para cada "fala". Você também pode separar o conteúdo em três partes, sendo a primeira destinada à "apresentação do projeto"; a segunda deverá conter a "descrição do projeto" e a terceira parte vai apresentar os "objetivos do projeto".

O primeiro passo é estabelecer um vínculo intelectual e um vínculo emocional com o tema do projeto. Vamos trabalhar com o problema das pessoas com menos de 18 anos de idade que vivem nas ruas de muitas cidades brasileiras. Dentro desse universo, vamos focalizar uma cidade específica, uma grande cidade, onde esse problema se torna cada vez mais complexo. Vamos observar a rotina desse segmento da população que queremos atingir com nosso projeto e buscar alguns elementos de informação como ponto de partida para nosso trabalho.

Um dos fatores importantes para a permanência e crescente agravamento dessa questão é a falta de escolaridade dessas pessoas. São geralmente crianças e adolescentes que deixaram suas casas ou cujas famílias, levadas ao mais extremo da pobreza, foram obrigadas a viver nas ruas. Elas não frequentam escolas, e isso pode ser considerado um obstáculo a qualquer tentativa de melhorar suas condições de vida. Sem escolaridade mínima, eles não têm nem a possibilidade de sonhar com uma vida mais digna.

Temos, portanto, o primeiro foco do nosso projeto: vamos trabalhar com a ideia de levar essas pessoas de volta à escola, como uma forma de oferecer a elas uma esperança e algum ânimo para que possam participar da solução do problema que é a baixa qualidade de suas vidas. Junto com essa constatação, precisamos lembrar que as escolas tradicionais apresentam grande dificuldade para estimular a média dos estudantes; muito mais difícil seria manter o interesse de crianças e adolescentes sem endereço certo e submetidos a extremos níveis de miséria.

Vamos trabalhar com a ideia de inverter a prática tradicional: em vez de levar a criança à escola, que tal levar a criança "na escola"? Imagine se pudéssemos equipar alguns ônibus com bancos escolares, colocar um quadro-negro portátil, talvez um telão para passar vídeos educativos e outros recursos que você vai inventar. Esses ônibus fariam trajetos predeterminados, passando em favelas e outros pontos da cidade onde se encontra esse público-alvo do projeto. Os ônibus-escolas (vamos chamar assim por enquanto, mas você pode dar outro nome) teriam motoristas e monitores especialmente treinados para trabalhar com crianças e adolescentes submetidos a essas péssimas condições de vida.

Você tem que pensar em alguns detalhes. Um deles: vamos manter o foco nas crianças e adolescentes sem um histórico pessoal de crimes pesados. Não estamos resolvendo a totalidade do problema atual, mas estamos planejando interromper o ciclo vicioso que transforma crianças carentes em criminosos potenciais e lhes dar uma esperança de reinventar suas vidas, certo? Por isso nossos colaboradores precisam ser muito bem treinados e temos que inovar também nos métodos de ensino que vamos aplicar nessas classes ambulantes de alunos muito especiais.

Vamos também imaginar, como outro ponto, uma rotina de aulas e atividades que sejam sempre estimulantes e surpreendentes para nossos alunos. Não é absurdo pensar que deste exercício pode sair uma inovação até mesmo para a escola tradicional. Uma vez por semana, podemos promover um estudo do meio numa cidade próxima, no litoral ou numa fazenda. Para isso deveremos contar com o apoio de instituições como sindicatos, que possuem colônias de férias na praia, ou entidades que ofereçam instalações esportivas. O ensino de regras esportivas certamente ajudaria nossos alunos a valorizar a disciplina produtiva, o companheirismo e a importância da atividade coletiva. O material esportivo, lanches, calçados e outras necessidades seriam supridas por doações de empresas. Além de descontar esses investimentos dos seus impostos, essas empresas poderiam ganhar o direito de exibir seus nomes nas laterais dos nossos ônibus.

Que mais? Ponha sua cabeça para funcionar. Lembre-se do objetivo que estamos buscando para alinhar os aspectos práticos e manter o foco naquilo que é possível realizar. Ao mesmo tempo, solte a sua imaginação para esticar a noção daquilo que possa ser considerado possível. Não tenha medo de ousar. Imagine que da sua capacidade de criar depende o futuro de centenas, talvez milhares de pessoas que hoje não têm qualquer perspectiva de vida digna. Olhe em volta, pense no ambiente e nos recursos oferecidos pelas escolas que você conhece ou com as quais você se relaciona de alguma forma e tente elaborar um meio para que recursos equivalentes sejam colocados à disposição dos nossos futuros estudantes.

O que estamos fazendo com esta lição de casa? Muito simples: estamos exercitando nossa imaginação e a capacidade de deixar nosso círculo egoico (*copyright* do autor, uso autorizado apenas para você, que chegou a este ponto do livro) para enxergar "o outro/a outra". Meu propósito é apenas demonstrar que esta técnica nos ajuda a escrever melhor, a pensar melhor e talvez até a viver melhor e melhorar a vida em volta da gente. Mas em vez de escrever uma história que já existe, estamos tentando fazer existir uma história que ainda não foi escrita.

Agora vamos dar uma volta no projeto e tentar imaginar seus potenciais defeitos e riscos. O primeiro deles: que empresa aceitaria associar seu nome a um projeto tão perigoso? E se um desses meninos pegar carona no nosso ônibus-escola para fazer um assalto? E se houver uma briga dentro do ônibus? E se algum traficante resolver invadir o ônibus para se vingar de um dos nossos alunos? E se os moradores de algum bairro exigirem que a gente retire o ônibus da sua área, com medo dos nossos alunos? E se houver um acidente com nosso ônibus? E se um dos nossos alunos resolver se drogar dentro do ônibus? E se a polícia resolver prender um dos nossos alunos no ônibus e provocar um tiroteio no meio da rua? E se...?

Se eu continuasse com a lista, teria material para escrever outro livro e até uma enciclopédia, que a gente poderia chamar de *Enciclopédia dos medos* ou *Manual prático de desculpas para conformistas*. O desafio é exatamente encarar os medos e aceitar o desafio de pensar nas soluções possíveis para problemas que o senso comum considera insolúveis. Além do exercício de pensar de um modo construtivo numa das maiores tragédias que vivemos em nossa sociedade, estaremos treinando nossa mente na busca de respostas criativas e exercitando nossa capacidade de escrever com objetividade, *sin perder la ternura jamás*.

Elabore uma lista com os elementos da história-projeto que você vai contar. Tente fazer um "mapa da mente". Lembra como funciona? Você faz um círculo, um quadrado, ou desenha uma nuvem no centro da página e escreve dentro o tema principal de que vai tratar. Em seguida, rabisca acima, abaixo ou ao lado outro círculo ou nuvem, anota outro dado correspondente ao tema, e assim sucessivamente, cobrindo as páginas com as informações à medida que aparecerem na sua cabeça. Depois você liga as ideias com setas e traços de acordo com a relação entre elas, armando a rede que irá fazer a representação gráfica do projeto.

Converse com outras pessoas sobre esse projeto, consulte seus amigos, sem ficar na defensiva. Anote o máximo possível de opiniões, sem se esquecer de agrupar todos os dados negativos, como as manifestações de medo e observações sobre os riscos do projeto. Empilhe tudo que é negativo de um lado. Isso precisa ficar bem visível, nunca pode ser dissimulado ou varrido para baixo do tapete ou ignorado. A credibilidade do seu trabalho também vai depender de como você resolver bem todas as restrições.

Não comece a escrever enquanto não se sentir totalmente envolvido/a com a ideia. Lembre-se de considerar o aspecto emocional da criação, mesmo que a objetividade seja uma exigência no caso de um projeto. Separe os conteúdos nas três partes que já tínhamos combinado: "apresentação", "descrição" e "objetivos".

Quando achar que já tem bastante dados e considerações, apanhe a lauda e "converse" com seus dois amigos "locutores" sobre como uma ideia poderia deixar o ambiente mágico da sua mente e ganhar realidade nas ruas de uma cidade.

POR LINHAS TORTAS

Algumas pessoas sempre escrevem intuitivamente. Para elas, a escrita, ou seja, a exposição da intimidade dos seus pensamentos, é uma forma de escape, uma atitude de alívio ou um ato de prazer. A análise de algumas obras poéticas ou mesmo de romances que a gente lê quase sem respirar indica esse processo quase biológico de expressar conhecimento ou emoção. Esses seres pagam um preço alto pelo exercício desse talento, porque nossa sociedade costuma qualificar como doença ou disfunção todo comportamento que não se enquadre nos padrões de racionalidade comumente aceitos. Pessoas assim precisam criar nichos para sobreviver e é muito raro que consigam exercer plenamente esse estado de consciência. Essa aceitação geralmente só ocorre quando esse artista encontra na sociedade uma expressão condizente com essa característica.

Por outro lado, todas as pessoas podem algumas vezes escrever intuitivamente ou atuar intuitivamente no momento de expressar o conhecimento adquirido. Costumamos chamar esses momentos de "inspiração" e dedicamos a eles um respeito quase religioso, porque nos fazem lembrar um estado muito diferenciado em relação ao comum do nosso dia a dia. Mais uma vez entram em campo as Musas, filhas de Zeus e Mnêmosis, para nos fazer recobrar a memória das nossas origens. Elas simbolizam nossa "inteligência autoconsciente" e, ao contrário do que sempre aprendemos, não representam um processo de fora para dentro.

As Musas não estão fora da gente, nós não as absorvemos na "inspiração" como quem puxa o ar pelas narinas. Cada uma delas é uma das representações mitológicas da natureza oculta do ser, uma parte do ser que se revela em momentos muito especiais. Por exemplo, quando nosso amigo Mané descobre um outro som em sua guitarra, ele pode ter recebido um estímulo externo, mas todos os elementos da sua expressão musical estavam nele mesmo. Uma "inteligência autoconsciente" organizou e dirigiu sua manifestação.

Um dos mais populares estudiosos de mitologia, Joseph Campbell, observou que essas representações de uma inteligência extra estão presentes em todas as culturas que deram origem à sociedade em que vivemos. Ele também constatou que em lugares distantes entre si em termos geográficos e temporais se repete uma expressão de respeito por essas manifestações de uma natureza humana que não reconhecemos no nosso cotidiano. Ao escrever ou ao compor uma música, qualquer pessoa pode eventualmente obter uma expressão dessa "inteligência autoconsciente", mas não podemos esperar que no dia a dia ela se manifeste sempre que precisamos produzir um texto. No entanto, podemos treinar algumas técnicas para fazer brotar essa qualificação de uma forma bastante natural.

Podemos, por assim dizer, encontrar por "linhas tortas" um caminho para essa reserva de inteligência que toda pessoa possui. Para início de conversa, precisamos admitir a hipótese de que a porta de entrada para essa capacitação esteja fora de nós, ou melhor, precisamos pensar na possibilidade de que só conseguimos "acessar" essa reserva de inteligência num ambiente externo ao indivíduo, numa relação interativa, como na Internet, quando uma página construída no Brasil se completa com uma imagem captada de um *site* hospedado na China.

O que eu quero provocar em você é a desconfiança de que a boa comunicação deve começar com uma atitude não egoística. Ao iniciar um texto naquela folha com espaços reservados aos locutores, precisamos ter em mente que abrimos uma parceria com esses elementos de representação com o objetivo de alcançar nossos leitores. Portanto, já começamos como coautores. Boa parte daquilo que estamos para oferecer aos leitores está impregnada por informações e metáforas acumuladas na memória do gênero humano há milênios. No meio dessa trama você vai incrustar as joias da sua criação. Gostou?

Como vimos antes, carregamos junto com a linguagem uma "gramática da história" que usamos para organizar os elementos de uma narração. Lembra da figura inspirada por Vladimir Propp? Ao iniciar um texto naquela folha destinada aos "locutores", precisamos ter em mente que para todo objetivo teremos que traçar um plano, todo motivo produzirá ação e todo fato vai gerar consequência. A história se erguerá sobre essas três hastes, como uma tenda, na medida em que formos desenvolvendo cada uma dessas linhas.

Além disso, precisamos escolher os elementos que iremos usar para contar a história. Em cada um deles vamos encontrar uma informação concreta e objetiva sobre tempo, lugar, seres, eventos, valores, emoções, normas, moral, desejos etc. Essa atividade de relacionar os elementos pode ser comparada à fase de contração de uma onda de pensamentos: estamos restringindo a área de ação narrativa, comprimindo as possibilidades da narração para preservar os pontos que especificamos. Além disso, a função restritiva é exercida também pelo formato da folha (ou diagrama, se estamos escrevendo no computador), uma vez que ali está presente outro fator de limitação: a obrigatoriedade de escrever cinco linhas para o "locutor 1", colocar ponto final no parágrafo e iniciar outras cinco linhas para o "locutor 2", e assim por diante.

Neste ponto o movimento se inverte e o pensamento passa a se expandir a partir de cada elemento. Por exemplo, as muitas possibilidades do elemento "tempo" nos induzem a imaginar a história como um fluxo dinâmico; o elemento "seres" nos induz a diferenciar personalidades, fisionomias, comportamentos; o elemento "desejo" entra em jogo com os elementos anteriores, mais os elementos "valor" e "moral". Ao mesmo tempo, o fator restritivo representado pelo espaço predeterminado para cada um dos "locutores" se transforma em fator de expansão do processo narrativo, uma vez que nos damos conta de que o texto se destina a ser lido e, portanto, deverá ganhar um caráter de oralidade.

Como no fluxo de elétrons, o processo de criação do texto avança em movimentos ondulatórios, com os fatores de expansão e contração estimulando nossa mente e produzindo a expressão do conhecimento. Lembre-se de David Bohm: "o conhecimento existe efetivamente no processo do pensamento em seu movimento de vir a ser". Se prestar atenção ao ato de escrever (ou de compor, pintar etc.), você vai notar um caráter de invenção, ou seja, de criação de uma realidade num lugar onde antes parecia não existir nada.

Na verdade, todos os elementos da história estavam ali, repousando na tela da sua valorosa inteligência autoconsciente, mas não eram reconhecíveis porque, em seu movimento de *vir a ser*, o pensamento não havia concretizado para eles uma função, símbolo ou valor. Portanto, todos os elementos eram *coisas*. Quando se tornam *objetos* de pensamento, adquirem um caráter de realidade. Exatamente como as coisas do Caos quando Zeus criou o Cosmos. Entende porque eu disse que, quando escreve, você está recriando o momento crucial da civilização?

Bem, também não precisa ficar se achando "A divindade". Lembre-se de que seu texto, ou a música que você vai compor, ou o quadro que vai pintar, deverá ser simples como a linguagem que você possui. Por mais qualificada que possa ser, sua inteligência autoconsciente sempre vai se manifestar sobre um repertório que você vem construindo em sua memória desde a barriga da sua mãe (ou daquela proveta, sei lá). O que você produzir terá valor se for simples como o repertório de objetos e signos que você arquivou.

Simples, em sua origem latina, vem de *sin plex*, que significa sem dobra, um objeto ou conceito em seu estado mais verdadeiro. Assim, ao dizer que uma boa história é simples como a linguagem de quem a escreve, estamos lembrando que ela terá mais qualidade quanto mais próxima estiver da verdade de quem a escreveu.

Portanto, não tente usar um vocabulário que não seja seu, não tente vestir sua linguagem com "roupa de domingo" para dar uma impressão de sofisticação, porque qualquer pessoa medianamente qualificada que ler seu texto vai perceber sua falsidade. Você deve usar o melhor que seu arquivo possuir, sendo que o melhor é sempre o mais adequado.

Pense na seguinte imagem, aplicada nos cursos de qualidade adotados por administradores japoneses: você vê uma Ferrari e uma camioneta; qual dos dois veículos tem mais qualidade? Quase todo mundo responde, sem vacilar, que a Ferrari tem mais qualidade. Só que, no mundo real, a qualidade de um recurso é sempre vinculada à sua utilização. Uma Ferrari tem qualidades muito específicas, mas se precisamos de um veículo para transportar quinhentos quilos de cimento por uma estrada de terra, certamente ela tem menos qualidade do que a camioneta.

Da mesma forma, se você usar uma linguagem pretensamente sofisticada, mas inadequada ao tipo de história a ser contada, sua narrativa sairá capenga. Assim, um relatório normalmente não fica bom em linguagem de novela e um conto com certeza vai fazer o leitor dormir se for escrito com a técnica destinada às descrições de projetos. Qualquer pessoa alfabetizada pode cumprir com uma qualidade (adequada) a tarefa de se comunicar por escrito. Basta ter em mente certos paradigmas.

O escritor Syd Field, consultor de produtoras de cinema dos Estados Unidos na avaliação e desenvolvimento de roteiros de filmes, afirma que toda ideia pode ser expressa se você encontrar o paradigma adequado. O ponto inicial que ele propõe é sempre pensar no tema. Pensar livremente e profundamente no tema que deve ser registrado. Depois, abrir o leque do tema para acrescentar o recheio das informações, distribuindo-as em ondas que procuram conduzir o interesse do público em balanços emocionais. Ele organiza esses elementos fazendo perguntas para si mesmo.

Assim, quando tiver um relatório ou uma história para escrever, procure reservar alguns minutos de introspecção e faça a si mesmo as seguintes perguntas:

1. O que precisa ser contado? (O que há de surpreendente naquilo que deve ser contado?)
2. Em que circunstâncias se localiza a história? (Tempo e ambiente, duração, extensão)
3. O que temos é um fato ou uma ideia? (Relatório ou projeto, verdade ou ficção?)
4. Onde estão os pontos de virada? (O que é que muda na realidade relatada ou envolvida?)
5. Como fica a realidade relatada ou envolvida após o fato consumado ou o projeto realizado?

De volta ao nosso modelo e aplicando os paradigmas de Syd Field, podemos distribuir entre os "locutores" aqueles dados que acabamos de refrescar na nossa memória. O modelo mental que preparamos para abrigar o conteúdo daquilo que vai ser relatado serve como ponto de partida para o desenvolvimento do texto, mas isso não significa que o trabalho vai ficar exatamente do jeito que você imaginou. Afinal, por trás dos dedos que escrevem está um ser humano pensante e criativo. Além disso, o conhecimento, como já vimos, é um processo, uma transição.

Antes de ganhar a forma visível no papel ou na tela, o conteúdo se desenvolve em ondas imprevisíveis, mas você tem algum controle sobre ele na medida em que refletiu e organizou em nichos seus vários elementos. O aspecto imprevisível das ondas de pensamento sobre o objeto do texto é um fator de criatividade, mas também pode se transformar em fator de bloqueio se você não colocar um pouco de concentração naquilo que faz. E a presença dos "locutores" vai ajudar você a se concentrar, por um fenômeno muito simples que se passa em sua mente: ao escrever, você está, mesmo sem notar, "oralizando" o texto, como se acompanhasse a "fala" de cada um dos locutores. A "conversa" com os locutores fictícios ajuda a localizar os pontos naturais de cada parte da história nos nichos da sua composição.

O PENSAR ECOLÓGICO E A ESCRITA NATURAL

Imagine a seguinte situação: você está se dirigindo a um lugar aonde vai rotineiramente. A escola ou o trabalho, por exemplo. Você está ouvindo um programa de rádio e começa a tocar uma música que não fala apenas de sentimentos, como quase todos os sucessos da música moderna: a composição fala de uma história, de alguém que nasceu num lugar muito pobre, que consegue uma passagem e se muda para a capital do país, onde conhece várias pessoas e a partir daí sua vida muda completamente. Você já ouviu essa música muitas vezes, mas desta vez você vai ouvir de um jeito diferente. À medida que a música for rolando, você vai imaginar um rosto para cada personagem que for surgindo, vai pensar nas roupas que esses personagens usam, vai integrá-los em ambientes realistas. Uma estação rodoviária, uma estrada, um bairro de periferia.

Quando a música terminar, apanhe papel e caneta e registre tudo o que imaginou. Procure repetir o esquema do "mapa da mente", colocando no círculo central o personagem principal, e a partir daí, em espiral, vá acrescentando os outros personagens e lugares, usando setas, círculos, quadrados, desenhos, tudo o que vier à sua cabeça e que esteja relacionado àquilo que a música passou para você. Terminou? Não se preocupe com a qualidade aparente dos desenhos nem tente decifrar agora os rabiscos que fez. Apenas olhe para o papel.

Em seguida, apanhe outra folha, pautada, escreva à esquerda as marcas "loc. 1" e "loc. 2", uma a cada cinco linhas, como fizemos no exercício com o *Hino a Zeus*. Então, coloque diante dos seus olhos o "mapa da mente" produzido a partir da música e cante bem baixinho todos os trechos de que você se lembra. Nos trechos que não souber, cante apenas a melodia. Se você nunca tiver ouvido antes essa música, se ela é absolutamente estranha para você ou se você for totalmente incapaz de memorizar a letra, coloque o disco para tocar enquanto olha para o papel. Assim que terminar a música, comece a escrever.

Você estará escrevendo a partir de uma relação natural com a história, uma vez que você colheu os dados objetivos através de uma tela de emoções, ou seja, os dados concretos da história vinham organizados no formato poesia e acondicionados na embalagem música. Seu interesse pelos personagens, a trajetória triste e o destino final deles foi se compondo numa mescla de observação intelectual e impregnação sensorial. Ao reproduzir a história, mesmo sob um formato inflexível como o proposto na lauda para "locutores", sua memória estará aberta a levar em consideração o caráter emocional do enredo.

Essa escrita que respeita o "espírito" da história é o que chamamos "expressão do pensar ecológico". Ninguém vai acusar você de ser piegas ou sentimentaloide por produzir com emoção uma história feita essencialmente de emoções. Da mesma forma, se sua tarefa é produzir um projeto ou relatório, a melhor abordagem é sempre aquela que leva em consideração a natureza do conteúdo que deverá ser representado. Na história anterior, a emoção está explícita. Neste segundo caso, a emoção também está presente, mas de uma forma implícita, ou melhor, a emoção está implicada.

Vamos fazer uma rápida arqueologia da palavra? Como na raiz da palavra "simples" (*sin plex*, "sem dobra"), podemos ver na expressão "implícita" uma referência a algo que está "dentro da dobra", algo que, mesmo invisível, sabemos que está presente naquele conteúdo. Já a expressão "implicada" vem do verbo "implicar", que na sua origem quer dizer "dobrar para dentro" e nos induz à ideia de algo que não apenas está presente, visível ou não, mas principalmente algo que está ativo, atuante naquele conteúdo a que estamos nos referindo. Explicitada seria, portanto, a coisa que está "fora da dobra", ou que foi "dobrada para fora", ou seja, está visível.

No livro *A totalidade e a ordem implicada*, o cientista e filósofo David Bohm oferece, em cima de evidências científicas, a tese segundo a qual, debaixo de uma aparente desordem, o universo é na verdade sustentado por uma "ordem implicada", ou seja, uma estrutura na qual todos os elementos se relacionam entre si e com a totalidade. Até mesmo o elemento tempo e outros elementos intangíveis, como a própria ideia, a matéria e a informação sobre a matéria, a energia e a informação sobre a energia, estariam harmonizados de tal forma que dão a impressão de existir um processo de comunicação permanente entre o todo e cada fração cósmica.

Pesquisadores da IBM, do Instituto de Tecnologia de Massachusetts, da Universidade da Califórnia e da Universidade Oxford gastaram quase três anos em um conflito entre a teoria e os experimentos para desenvolver um computador baseado nos princípios da Mecânica Quântica, um ramo da Física que descreve o mundo das partículas subatômicas, onde o "sim" e o "não" (positivo e negativo) podem ser verdade ao mesmo tempo.

Teoricamente, eles sabiam que era possível imprimir informações em átomos de hidrogênio e cloro presentes no clorofórmio, mas toda vez que tentavam comprovar essa hipótese, ocorriam distorções: de acordo com as normas quânticas, a observação de um evento no ambiente subatômico tende a alterar o resultado desse evento. Somente em abril de 1998 os cientistas puderam anunciar e demonstrar o conceito que irá revolucionar a computação. Acontecia que o comportamento dos átomos observados parecia se alterar de uma forma caótica sempre que eram colocados sob observação, ou seja, era como se os átomos "notassem" o olhar dos cientistas sobre eles, porque os campos magnéticos usados para ler as informações alteravam sua natureza, criando uma sucessão de padrões aparentemente aleatórios. Os cientistas resolveram o problema quando utilizaram técnicas de ressonância magnética, como num espelho, para observar um vasto número de moléculas ao mesmo tempo.

O princípio quântico está presente em outros campos tecnológicos, como, por exemplo, a transmissão de imagens. Você sabe que as imagens da televisão são captadas pela câmera num formato visual, e normalmente sincronizadas aos sons. São gravadas em módulos eletromagnéticos, mas transportadas por ondas de rádio. Os pontos que formam a imagem visual estão próximos uns dos outros, em sua forma original, mas, quando se transforma em ondas esse conteúdo, não se pode mais dizer que os pontos estão na mesma ordem. Podemos dizer que as ondas de rádio transportam a imagem numa ordem implicada. O receptor que você tem em casa "explicita" essa ordem, ou seja, desdobra as ondas de rádio para recompor o conteúdo na forma de uma nova imagem visual.

Podemos dizer que a imagem deixou de existir enquanto viajava nas ondas de rádio? Claro que não. Embora naquele formato não fosse possível vê-la, ela estava lá, com todos os seus elementos de cor, densidade e movimento, "dobrada" dentro das ondas. Da mesma forma, podemos afirmar que a sua história (ou o objeto do conhecimento) "viaja" em ondas de pensamento e está contida numa ordem implicada mesmo no momento de sua elaboração. Para explicitá-la, expressá-la, você precisa criar um "aparelho" capaz de desdobrar cada um dos seus elementos, de modo que possa ser conhecida por outra pessoa.

Atenção: ao afirmar que o universo é perpassado por uma ordem implícita que é também o próprio Cosmos, David Bohm não está dizendo que tudo já existe, que não há a criação. Pelo contrário, ele é um defensor radical da tese da criação permanente. Para ele, a natureza é uma realidade superiormente dinâmica que está permanentemente explicitando a criação. Você e eu somos parte dessa natureza. Portanto, ao se repetir em nós, a natureza também nos oferece essa possibilidade de explicitar continuamente a criação. Se não fazemos da nossa vida um processo dinâmico de reinvenção permanente, é porque sempre fomos condicionados culturalmente a buscar uma posição conservadora e estática, escondidos no que consideramos o abrigo da consciência.

O que estamos buscando com toda esta conversa, para a qual convidamos eventualmente alguns brilhantes cientistas, é entender como, imitando a natureza, ou melhor, deixando que a natureza atue em nós, podemos encontrar formas "ecológicas" de expressar o conhecimento que adquirimos o tempo todo. Mesmo que nosso propósito específico seja aprender a escrever de forma fácil, eficiente e prazerosa, não podemos chegar a esse objetivo se não estendermos o nosso olhar para o Cosmos.

Voltemos, então, ao modelo de texto em que a emoção não está explícita, mas implicada. Mesmo um projeto ou relatório, tudo o que envolve nossa expressão passa pela elaboração intelectual e pela elaboração emocional. O próprio interesse ou a necessidade ou obrigação de executar uma tarefa que exige a expressão de algum conhecimento gera um estado de espírito muito definido e muito definidor. Dizemos que a emoção está implicada porque ela é, junto com os elementos do intelecto, parte da ordem em que se compõe aquele objeto específico de conhecimento.

Preste atenção às emoções que qualquer tarefa provoca em você. Algumas dessas tarefas parecem tão chatas que você já sai da sala arrastando as sandálias. Outras fazem acender um monte de luzes na sua cabeça e são tão estimulantes que você é capaz de sair voando. Em qualquer um dos casos, a maneira certa de encarar o trabalho de se expressar provoca uma emoção criadora, capaz de esvaziar essa sensação de tédio e revelar para você que mesmo um tema aparentemente quadrado tem seus encantos.

Se você procurar um modo natural de se relacionar com tudo o que se refere ao conhecimento, vai perceber que muitas daquelas questões que parecem mortalmente chatas têm um certo encanto. E muitos daqueles momentos em que você se considera parte da animada família das ostras são na verdade momentos de isolamento e fragmentação, quando você não está enxergando a real natureza daquilo que está sendo levado a conhecer. O pensamento sistêmico, ou seja, o conhecimento que busca abranger a totalidade do objeto pensado e a ordem implicada é sempre motivo de prazer em vez de aborrecimento.

Para não ficarmos, assim, num tom meio religioso, vamos ver como isso acontece no nosso dia a dia. Vamos fazer de conta (veja, apenas uma suposição) que você odeia Matemática. Aquelas frações nunca vão entrar na sua cabeça, equação é apenas uma invenção de alguma mente doentia com o único propósito de enlouquecer você. O melhor que você conseguiu fazer em toda sua vida foi acompanhar a média mais medíocre da turma, e mesmo assim à custa de muito sacrifício, de um enorme esforço para desligar a TV na hora daquela série legal.

Bem, uma noite você está assistindo àquele programa sobre o qual todo mundo vai comentar no dia seguinte e começa a perceber que existe uma ordem na sucessão de situações engraçadas. Ou seja, existe um fator constante na sequência de encontros e desencontros, de modo que você não fica o tempo todo rindo nem o tempo todo na expectativa de um fato novo. O roteirista ou diretor daquela série conduz, digamos, duas situações de desencontro, uma trapalhada, depois uma sucessão de três frases ou cenas engraçadas.

Experimente assistir a TV com um bloco de anotações na mão. Vá marcando com uma barra para a direita (/) as iniciativas que você acha que vão provocar alguma confusão ou uma "saia-justa". Os momentos em que a personagem principal entra numa fria você marca com a barra invertida (\) e nos momentos de conflito você marca um (X). Quando as cenas forem engraçadas, desenhe um círculo. Depois de terminado o episódio, coloque um valor para cada tipo de informação. Por exemplo, 3/, 4\, 2X e 3O. Basta substituir cada sinal por uma incógnita e você tem uma equação da comédia.

Agora pense naquele problema que parece insolúvel e ameaça destruir para sempre a sua vida inteira. Sei lá, uma fofoca na escola ou no trabalho, um desentendimento com aquela pessoa interessante na última festa, uma frase infeliz que poderia comprometer aquela amizade de muitos anos. Anote os dados que você conhece, estabelecendo para cada um deles uma letra e um valor, de zero a dez, com escalas positiva e negativa. Em seguida, junte todos esses elementos e tente calcular quanto vale realmente aquele problema que parecia fazer o céu cair sobre a sua cabeça.

Como você pode perceber, a Matemática, como todos os outros ramos do conhecimento, está integrada à estrutura da nossa existência, de tal modo que nem precisaria ter esse nome ou ser considerada uma disciplina à parte, tão assustadora para muita gente. Aliás, a invenção das disciplinas acabou conduzindo o ser humano a pensar em si e no Cosmos de um jeito fragmentado.

Se pudermos pensar na Matemática como uma ferramenta que nos permite visualizar as dobras da ordem implicada, vamos notar que ela está presente em tudo o que fazemos e pensamos. Até mesmo nos sonhos, muitas vezes usamos a Matemática para medir distâncias e tempos e nem notamos. Isso acontece com todas as outras matérias e especialidades em que a humanidade dividiu o conhecimento desde que a escrita começou a mudar nosso modo de descrever o Cosmos. Se você puder colocar no seu dia a dia uma visão sistêmica do conhecimento, ou seja, se aprender a olhar o universo à sua volta como um todo organizado numa aparente bagunça, não vai mais existir especialidade chata ou difícil.

CRIANDO UMA ORDEM

O físico Fritjof Capra, autor de livros importantes como *O tao da Física* e *A teia da vida*, observa que as pessoas "são naturalmente criativas porque a natureza é criativa". Ele se refere a uma criatividade implicada em todos os seres, o que permite, por exemplo, a uma árvore reprogramar sua estrutura para suportar uma mudança causada subitamente por um raio, uma ventania ou uma motosserra: ela reduz progressivamente seu desenvolvimento numa direção, reforça suas fibras onde o peso passa a incidir mais fortemente e alivia em um lado onde suas ramagens ficaram mais ralas e leves.

Você certamente já viu aquelas árvores típicas dos parques e florestas brasileiros que lançam pequenos troncos a partir de galhos que se desenvolvem quase na horizontal, dando a impressão de que ela tem várias "pernas" para segurar o peso dos galhos. Você conhece, viu fotos ou ouviu falar do maior cajueiro do mundo, que continua crescendo na periferia de São Luís, no Maranhão. Pois bem: aqueles troncos brotam dos próprios galhos à medida que eles vão se estendendo, como se um "cérebro" da árvore pudesse calcular que dentro de semanas ou meses aquele galho se romperia sob seu próprio peso se não ganhasse um suporte extra. Alguém poderia explicar como a árvore calcula a estrutura de fibras de cada tronco extra, a espessura que precisa ter cada uma dessas "estacas" que lança em direção ao solo para sustentar aqueles galhos que ainda não se desenvolveram?

Agora observe que também essas "pernas" extras criam raízes mas não originam uma nova árvore: elas apenas cumprem a função de sustentar a árvore que já existe. A árvore se estende horizontalmente, interagindo com outras plantas do local e, à medida que se expande, estabelece também novos padrões de relacionamento com outras espécies em volta. À sua sombra ampliada vão crescer samambaias, cogumelos, bromélias. Toda uma nova ordem está sendo gerada, uma ordem que já existe, implicada em cada novo nó do tronco em expansão, à medida que ele cresce.

Onde se localiza a mente dessa organização, como se constrói essa estratégia e quando se inicia o processo criativo de produzir um pequeno broto que, em vez de ser atraído para cima, pela luz do sol, tem a vocação de crescer para baixo, destinado a servir de suporte para a continuidade daquela obra? Lembre-se mais uma vez do *Hino a Zeus*. Será que uma árvore também é capaz de criar o Cosmos? No mínimo, devemos admitir que uma simples árvore pode gerar uma nova ordem, pode recriar continuamente o universo ao qual está vinculada.

Antes que você comece a rezar ou resolva acender uma vela, considere que o pensamento lógico é formado por três premissas básicas. A primeira delas, premissa da identidade: *A é A*. A segunda premissa, da não contradição: *A não é não A*. A terceira, premissa do terceiro excluído: *não há um terceiro termo que seja ao mesmo tempo A e não A*. Agora lembre-se da árvore e pense: há alguma possibilidade de compreender inteiramente, pela lógica ou pelo conhecimento científico racional, o processo criativo de uma árvore? Como explicar essa evidente autoconsciência do grande cajueiro e de outros milhões de árvores pelo mundo afora?

Vamos voltar para casa. A estrutura orgânica dos seres humanos parece muitas vezes mais complexa do que a das árvores, certo? Nosso cérebro é uma das mais fantásticas maravilhas da natureza. Ele contém um sistema de armazenamento de informações capaz não apenas de estocar os dados mas também de compará-los, criar sistemas de relações integrados a uma estrutura de entregas rápidas espontâneas ou a pedido e, o que é ainda mais surpreendente, ele está sempre em transformação.

Agora, vamos imaginar um ser humano na situação daquela árvore. Vamos considerar que o crescimento de um galho daqueles equivale a uma nova necessidade social criada para o indivíduo. Por exemplo, você se graduou na escola ou mudou de emprego e tem que enfrentar novas exigências não só no aprendizado, mas também nas relações com novos colegas. Você e os outros estão um ano mais velhos, todos se sentem e estão um pouco diferentes de como eram no ano passado. A diferença no físico talvez nem se note (embora em determinada fase a gente se sinta como se os nossos braços fossem galhos do cajueiro gigante), mas há um clima diferente nas relações de cada indivíduo com o grupo.

Você sente necessidade de ocupar seu lugar no grupo, você precisa consolidar uma imagem e um papel condizentes com aquela nova situação. Suas manifestações, a maneira como você vai expressar o conhecimento de cada questão ou os temas típicos das conversas no grupo, tudo isso são características desse novo "galho" da sua árvore. Você já não pode reagir às dificuldades e desafios da mesma forma que fazia numa situação anterior. Ao mesmo tempo, precisa providenciar um suporte eficiente para comportamentos novos e novos modos de pensar e agir.

Você sente que suas responsabilidades aumentaram. E agora? Aquilo que parecia muito simples de repente se tornou complexo e as velhas receitas já não servem. Da mesma forma que a árvore, mas em padrões ainda mais refinados, uma inteligência autoconsciente conduz em você uma prontidão para esse aprendizado de uma nova estrutura pessoal que vai servir de suporte para esse desafio social que está se desenvolvendo.

Você tem duas alternativas: deixar-se levar pelos eventos, só reagindo aos estímulos e provocações dessa nova situação, ou atuar criativamente e tomar posse do processo da sua própria reinvenção. As diferenças entre os dois estilos são evidentes. Qualquer pessoa com interesse pode observar quando alguém simplesmente se deixa empurrar para diante, na geleia geral, ou quando alguém toma posse criativamente do seu destino e resolve fazer diferença na sua própria vida e no seu ambiente familiar e social. Essas diferenças aparecem em tudo o que você faz, no modo como se veste, como anda, na maneira como se senta, na postura, nas coisas que escolhe para comer, no modo como olha para as pessoas quando conversa com elas e, principalmente, no momento em que você precisa partilhar seu conhecimento.

Volte alguns capítulos e vá buscar aquele esquema que Luiz Jean Lauand desenhou para representar o aprendizado a partir dos lampejos de consciência. Todos os dias, praticamente durante todo o tempo, estamos recebendo estímulos capazes de elevar o nosso nível de consciência. Todos os dias, temos várias oportunidades de apreender esses estímulos e observar os lampejos que abrem em nossas mentes as janelas luminosas para a criatividade. Todas essas oportunidades são momentos em que nossas mentes estão operando em padrões equivalentes ao encontro com uma das Musas. Se você preferir, cada um desses momentos é uma oportunidade para a reinvenção do ser.

Olhe o gráfico de Lauand: o primeiro passo é agregar o novo valor à linguagem. Considere linguagem todas as formas de expressão que você utiliza para se relacionar com o mundo à sua volta. Não apenas palavras, mas gestos e rituais fazem parte do complexo das linguagens. Passe a usar no dia a dia esse novo patrimônio: palavras que melhor representam seus ganhos de consciência, uma disposição diferente para ouvir música, um olhar mais sincero para seus interlocutores. O outro sistema que você vai trabalhar é o agir humano: observe suas atitudes, tente relacionar sua rotina às novas perspectivas que aparecem a cada vez que você acrescenta um valor novo à consciência que adquire de você mesmo. Por último, carregue tudo isso nas suas relações institucionais, ou seja, não admita ser uma peça amorfa no ambiente e entre as pessoas.

Você não é peça de cenário: você é protagonista. A partir desses momentos em que as janelas da criação se abrem, novos papéis se apresentam para sua atuação. Aqui, mais uma vez, as lições da

Física Quântica nos ensinam que o indivíduo participa de diferentes níveis de realidade ao mesmo tempo, e que as realidades se movem em variados níveis de espaço e tempo. Se aceitamos a ideia de que a realidade é tudo aquilo que o pensamento e a ação humana não podem alterar, a própria aplicação do conceito de tempo é suficiente para explicitar a variedade das realidades possíveis: o pensamento e as ações do ser humano produzem continuamente realidades novas ao redor do planeta. A realidade numa aldeia da África pode ser muito mais ampla em certos sentidos do que a realidade num escritório de Wall Street, em plena efervescência de Nova York.

Nesse ambiente mutante em que muita gente sensata acaba confundindo realidade com fantasia, é bastante natural que a gente se sinta fora de ordem, ou seja, que o mundo em volta pareça cada vez mais parecido com o Caos. Todas as pessoas que simplesmente não aceitam passivamente integrar a maçaroca da geleia geral e tratam de manter a criatividade em alerta têm a oportunidade de gerar uma nova ordem, ou seja, de repetir a façanha de Zeus e criar o Cosmos. Como já vimos anteriormente, os elementos da ordem estão implicados naquilo que nos parece caótico. Não é preciso esperar uma inspiração divina para aprender a enxergá-los.

Quer ver? Feche os olhos e imagine aquela música que usamos num dos exercícios. Deixe que sua imaginação percorra a história que é contada, crie extensões de pensamento no início de cada verso, procurando agregar uma imagem, um nome, uma cara, uma cor, um cheiro, a cada novo personagem, lugar ou elemento que a música for induzindo na sua mente. Você nunca vai ouvir a mesma música duas vezes. Sempre que ela for tocada, sua mente irá buscar aqueles referenciais que você agregou à memória, associados a essa música, e da combinação dessa música com as referências que você criou surgirão novas referências, numa sucessão sempre nova.

Você pode aplicar a mesma técnica a questões muito objetivas, como os conflitos e as dificuldades do dia a dia. Faça o enredo do problema rolar em sua mente, como num filme, e vá dando nomes, cores, cheiros, pesos e valores a cada elemento de informação que passar nesse desfile. A cada experiência desse tipo sua mente estará sendo treinada a liberar seu potencial criativo na análise dos conflitos ou dificuldades. O simples prazer que esse exercício pode produzir é suficiente para alterar as relações de valor que fazem um problema parecer insolúvel ou uma dificuldade se apresentar como a pré-estreia do apocalipse.

Lembra-se da referência ao trabalho de George Lakoff, aquele que pesquisou a origem das metáforas? Então imagine a riqueza dos referenciais que você acrescenta ao seu patrimônio cada vez que encara uma dificuldade com esse humor criativo. Que tal, por exemplo, associar sua própria identidade à de um personagem fictício para exercitar uma visão de fora do problema? Que tal dar um nome, um tipo físico, um estilo a esse outro "eu"?

Pense nisso enquanto vou atrás de um café e um biscoito.

QUEM COMUNICA?

O processo de comunicação tem mão dupla e depende muito do estabelecimento de alguma empatia entre quem emite e quem recebe a mensagem. Em última análise, ela será medida pelo grau de percepção do receptor, mas não podemos esquecer que, uma vez começado o processo de comunicação, os interlocutores se revezam nos papéis de emissor e receptor, especialmente na comunicação interativa direta ou mediada eletronicamente. Isso quer dizer que, numa comunicação para valer, ninguém tem o controle absoluto do processo: ao falar com alguém diretamente ou pelo telefone, ou ao conversar pela Internet, o que você diz não é necessariamente recebido tal e qual por quem ouve ou lê.

No caso do texto escrito para ser lido mais tarde por alguém que não conhecemos, a eficiência vai depender, além das técnicas que abordamos nas páginas anteriores, também dessa capacidade do autor ou da autora de imaginar a pessoa que vai ler e criar para ela uma personalidade, gostos, hábitos e emoções, ou seja, colocar-se no lugar do leitor. Quando a mensagem se destina a alguém conhecido, o resultado poderá depender da qualidade desse relacionamento: muita gente descobre, ao ler uma carta, que inspirou na pessoa que lhe escreve uma imagem completamente falsa de si. Acredite: algumas pessoas podem viver juntas por muito tempo e continuar essencialmente desconhecidas uma para a outra. Quando se comunicam, é como se falassem para si mesmas.

A habilidade de estabelecer uma empatia com o/a "outro/outra" se desenvolve na medida em que vamos nos conhecendo, conforme melhoramos a capacidade de interpretar todas as nossas experiências e extrair delas alguma lição de significado pessoal. Essa habilidade exige um bocado de desprendimento, mas pode ser treinada e melhorada com alguns exercícios. Um deles consiste em observar os tipos humanos à nossa volta, com o cuidado de evitar os julgamentos apressados.

Se estamos interessados em conhecer o ser humano, precisamos ter em mente que o que pode ser percebido pelos sentidos físicos não é propriamente o ser. Os sentidos refletem o ser apenas por analogia e dependem da intuição para aprofundar esse conhecimento. Por seu lado, a intuição só se manifesta diante do desconhecido, do diferente, o que nos remete de volta à necessidade de uma abertura para o/a "outro/outra". Sabe como funciona o hipertexto, a linguagem que deu origem à Internet? É assim: de qualquer ponto do documento se pode saltar para qualquer ponto de qualquer outro documento que esteja na rede. Essa metáfora pode nos ajudar a entender nossa colocação na enorme teia da vida e a necessidade de estarmos com a mente aberta para perceber os outros seres humanos.

Bem, eu poderia continuar com esse discurso por mais trezentas páginas e o máximo que conseguiria em nosso processo de comunicação seria fazer você se arrepiar diante da estante de livros. Vamos dar meia-volta e pensar nos nossos amigos, os locutores 1 e 2. Lembra daquela lição de casa? Pois bem: todo esse papo de empatia e intuição está lá, na prática. Quando você escreve na borda da folha (ou da tela) as expressões "loc. 1" e "loc. 2", está exercitando esse processo de aproximação com outro indivíduo e, de alguma forma, sua mente está se preparando para as surpresas que isso pode trazer.

A técnica de escrever para "locutores" traz embutida uma proposta de jogo, no qual você pode se engajar de várias formas. A escolha que parece mais eficiente, experimentada em classes de segundo grau de uma escola pública da Zona Leste de São Paulo, é a da invenção de personagens: seja qual for o tema escolhido para a redação, os participantes são convidados a definir uma personalidade específica para cada locutor. Isso inclui inventar um nome, idade, sexo, aspecto físico e até mesmo uma voz. Com isso, a projeção do "outro" a quem se destina a história se torna mais facilmente perceptível, e o jogo adquire certo grau de realidade.

Era comum que na classe alguns alunos, enquanto escreviam, verbalizassem trechos do texto, imitando a voz que haviam imaginado para cada locutor. Claro que essa experiência produzia um nível de ruído não condizente com o que se convencionou ser o ambiente ideal para o aprendizado da escrita. Mas o resultado acabou mostrando que a criatividade não exige um tipo de concentração autista para se manifestar: pelo contrário, alguns dos alunos mais irrequietos, que normalmente perturbavam o grupo em outras aulas, revelavam-se mais criativos quando podiam se exibir e fazer gracinhas enquanto escreviam.

A técnica dos "locutores", praticada com esse espírito de jogo ou de brincadeira, também permite a verbalização de alguns medos que surgem quando encaramos formalmente a tarefa da comunicação escrita. Na medida em que toda a expressão está sendo transferida para "loc. 1" e "loc. 2", abre-se um campo seguro para a experimentação e a ousadia que em outra circunstância ficariam dependentes de uma segurança anterior quanto à própria habilidade de escrever.

Nessa área intermediária entre a realidade interna que se quer manifestar e a realidade externa (representada, neste caso, pela exigência de apresentar um texto como resultado), localizam-se as expressões mais profundas do ser humano. É ali que se formam as experiências vivenciais e ali se definem muitas das habilidades de relacionamento. As figuras dos "locutores" colocadas nesse espaço podem funcionar como objetos transicionais entre subjetividade e realidade, ajudando na formação de uma atitude menos temerosa e mais criativa diante da necessidade da comunicação.

Bem, tudo isso me foi dito por especialistas quando o método era experimentado. Você não precisa conhecer toda a teoria por trás desse método, porque nem eu mesmo sabia disso quando comecei a elaborar essa ideia, mas de certa forma é bom cuidar um pouco da credibilidade, concorda? O que vai nos interessar nessa história toda, na verdade, é o fato irrefutável de que, se você precisa encarar um texto, é melhor que sua tarefa seja feita com suavidade e, sempre que possível, com bom humor. De qualquer maneira, se alguma coisa estiver saindo de controle, você sempre vai ter as figuras dos "locutores" para colocar a culpa.

Outro lado dessa brincadeira: uma vez dividido o texto entre dois ou mais "locutores", torna-se mais fácil compor histórias a quatro mãos. Esse exercício, também experimentado na vida real, revelou que a criação coletiva de uma história pode ser feita muito rapidamente e com resultados mais perceptíveis. A possibilidade da conversa entre os coautores durante a definição do conteúdo e o desenvolvimento das personalidades dos "locutores" aparece como um estímulo adicional à criatividade. Finalmente, resta comentar que os participantes do exercício se habituam à ideia de que a criatividade não depende apenas de um talento nato, mas pode ser desenvolvida como todas as outras habilidades humanas.

VOCÊ ESCOLHE

Uma das grandes contradições do nosso tempo é a extrema necessidade que as pessoas sentem de afirmar sua individualidade, ao mesmo tempo em que tentam se manter conectadas a um grupo, uma tribo. O sociólogo francês Pascal Bruckner, em sua obra *A tentação da inocência*, afirma que "uma grande decepção aguarda o homem moderno: a de pensar que é único e se descobrir comum". Segundo Bruckner, todo indivíduo se imagina fundador e se descobre imitador, numa sucessão de comportamentos de massa estimulados em termos da individualidade, ou seja, a pessoa é levada a pensar como indivíduo para ser conduzida a um rebanho de consumidores. Decepcionante, não? Mais ou menos como aquela situação em que uma pessoa dá aquele trato bizarro no cabelo, mete um alfinete de fralda no supercílio, sai à rua e cruza com alguém exatamente igual.

Na origem dessa situação está a ideia de que só existe um nível de realidade. Entre nossa visão e a realidade formam-se, por causa disso, imagens variadas daquilo que consideramos real, ou seja, acabamos criando para nós um certo número de máscaras ou imagens que usamos socialmente. Com o tempo, os conflitos entre a personalidade real e as imagens externas que a gente projeta acabam nos afastando de nossa essência até o ponto em que não nos reconhecemos mais. Em consequência disso, perdemos de vista o/a "outro/outra" real e também os laços sociais acabam se dissolvendo, o que gera agrupamentos humanos violentos e muito fáceis de manipular, como acontece na sociedade em que vivemos.

Essa variedade de máscaras é o terreno onde se alastra a sociedade de consumo ou sociedade de massas, segundo outro sociólogo francês, Marcel Merleau-Ponty. As pessoas que perdem sua identidade e passam a viver apenas em função de suas imagens externas tornam-se facilmente dominadas e dirigidas. Perdem a noção dos valores e se diluem na massa, perdendo a capacidade de pensar por si mesmas, de agregar novos conhecimentos e de se expressar com criatividade e qualidade. Na soma de muitos indivíduos massificados a própria sociedade corre o risco de desaparecer, afirma Merleau-Ponty. Cada pessoa que resiste a se tornar apenas um número na massa é uma espécie de herói ou heroína capaz de bloquear esse processo.

O físico Basarab Nicolescu, diretor do Centro Nacional de Pesquisa Científica em Paris e autor do *Manifesto da transdisciplinaridade*, observa que, na sociedade de consumo, cada indivíduo pode se multiplicar por muitos consumidores, conforme o número de máscaras que aceita por cima de sua personalidade. Os publicitários e os produtores de entretenimento para grandes públicos sabem reconhecer essa multidão de rostos-fantasmas e estimulam continuamente desejos que fazem aumentar ainda mais a variedade de máscaras nas pessoas. Com seu senso crítico cada vez mais diluído, essas pessoas tendem a perder a capacidade de enxergar as outras pessoas, pois passam a ter a si mesmas, ou suas autoimagens, como único referencial.

Independentemente do pensamento induzido pelos meios de comunicação, porém, todo indivíduo é fundador de si mesmo, é autor e responsável pela obra que é sua própria vida. Nesse processo, todas as suas manifestações são obras originais, sempre relacionadas a cada etapa, a cada especial dia de sua existência. Mesmo que nas suas relações sociais a pessoa se comporte como um ser comum, ela é um ser inimitável: apenas a sua ressonância social se confunde com as ressonâncias sociais de outros indivíduos. Se essa pessoa buscar o aprendizado do pensamento sistêmico, se procurar aprender a se comunicar de uma forma integral e eficiente, sempre terá oportunidades para manifestar sua individualidade e contribuir para a melhoria do ambiente social de que participa.

Lembre-se do *Hino a Zeus* e tente comparar a sociedade em que vivemos com o Caos anterior à criação do Cosmos. A maioria dos habitantes das grandes cidades, e de praticamente todas as comunidades muito influenciadas pelos meios de comunicação de massa, vive um momento de grande confusão de valores e falta de significado. Mas há quem veja por trás dessa aparente confusão uma ordem: a ordem implicada no Caos, ou uma situação Caórdica. Essa ordem implicada seria um estado de prontidão para a reinvenção do Cosmos.

Nicolescu, por exemplo, considera que há um "terceiro ser" em cada um de nós, como uma expressão do ser original, que outros estudiosos chamariam de "ser inconsciente". Despertar esse "terceiro ser" é o primeiro passo para a reinvenção do gênero humano e a tarefa de nos reconectar com o Cosmos. Essa espécie de reserva cósmica está presente em todas as pessoas e é o que nos dá a capacidade de manter a serenidade em situações aparentemente caóticas. É como aquela voz interior que nos manda calar a boca quando somos provocados, aquela visão que nos indica a saída de emergência em situações de risco e aponta um sentido de ordem quando todo mundo em volta se sente perdido em meio ao Caos.

É possível treinar esse olhar para a essência, mas não esqueça que só pode enxergar sua própria essência quem aprende a ver o/a "outro/outra". Um ser interior, quase sempre imperceptível (do ponto de vista em que nos habituamos a observar a vida), olha para seu correspondente exterior e para suas relações sociais. O que ele vê normalmente é um eterno conflito de egos, um jogo permanente de dominação e poder no qual os seres humanos consomem suas existências. Isso ocorre porque cada ser não está enxergando, ou não está tentando enxergar o outro ser, mas seu reflexo, sua imagem, sua máscara.

Lembra-se da "gramática da história" observada por Vladimir Propp? Tente reconhecer essa estrutura quando for se comunicar com alguém, tente obedecer à ordem natural em que ela se apresenta em sua mente quando for relatar qualquer fato ou falar/escrever sobre qualquer tema. Mesmo que o assunto seja uma redonda bobagem, ou uma piada, tente observar que o conteúdo está oferecendo sua própria ordem, uma ordem implicada em seus elementos de informação, de tempo, de emoções.

Seu interlocutor vai observar que, naquele momento, você estará dando o melhor de si para se comunicar com ele. Você estará propondo um lugar certo em si mesmo, o lugar do narrador, e seu interlocutor saberá achar o lugar dele. Você não estará tentando impor um estado de espírito como resultado da piada ou da história que está contando, mas vai deixar que a própria narrativa produza naturalmente o efeito que ela traz em sua "gramática" e por força de seus elementos.

Quando você encontra o seu lugar, abrindo espaço para que o "outro" também se encontre, os seres exteriores se manifestam muito sinceramente, como ressonâncias de seus seres interiores e não como máscaras sociais. O sentido de comunidade e de sociedade surge da comunicação assim respeitosa e transparente entre muitas pessoas. Nesse processo é possível construir grupamentos humanos mais felizes e harmoniosos, reduzindo o efeito perverso da cultura de massas e a manipulação dos indivíduos.

Pessoas habituadas a uma comunicação mais respeitosa e, por consequência, mais criativa e eficiente, desenvolvem um olhar mais amplo sobre todos os temas que abordam. O pensamento sistêmico gera a possibilidade da criação instantânea e permanente, que é o mesmo que se manter em estado de arte. É como se a criatividade fosse uma espécie de descanso de tela que entra em ação em sua mente sempre que você quiser ou precisar. Lembre-se das Musas e considere: quando nasceu, você recebeu um mandato para recuperar certa natureza esquecida.

Viver em estado de arte é um direito seu.

SUGESTÕES DE LEITURA

BARTHES, Roland. *O grão da voz*. Rio de Janeiro: Francisco Alves, 1995.

BLACKMORE, Susan. *The meme machine*. Oxford University Press, 2000.

CASARES, Byon. *La hora de escribir*. Barcelona: Tusquets Editores, 1998.

CHABROL e outros. *Semiótica narrativa e textual*. São Paulo: Cultrix/ Edusp, 1977.

FIGUEIREDO, J. C. *Filosofia da educação*. Belo Horizonte: Bernardo Álvares, 1970.

GOSWAMI, Amit. O universo autoconsciente. Rosa dos Tempos, 1998.

HOWARD, David e MABLEY, Edward. *Teoria e prática do roteiro*. Rio de Janeiro: Globo, 1996.

JUNG, C. G. *Mysterium coniunctionis*. Rio de Janeiro: Vozes, 1970.

MERLEAU-PONTY, Maurice. *Signos*. São Paulo: Martins Fontes, 1991.

NACHMANOVITCH, Stephen. *Ser criativo*. São Paulo: Summus Editorial, 1993.

NICOLESCU, Basarab. *O manifesto da transdisciplinaridade*. TRIOM Editora, 1999.

UNAMUNO, Miguel de. *Névoa*. Rio de Janeiro: Nova Fronteira, 1989.

WEBER, Renée. *Diálogos com cientistas e sábios*. São Paulo: Cultrix, 1991.

Cadastre-se no site da Contexto
e fique por dentro dos nossos lançamentos e eventos.
www.editoracontexto.com.br

Formação de Professores | Educação
História | Ciências Humanas
Língua Portuguesa | Linguística
Geografia
Comunicação
Turismo
Economia
Geral

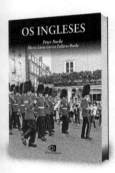

Faça parte de nossa rede.
www.editoracontexto.com.br/redes